ZAUBER-
SPRÜCHE

Vicky Gabriel

ZAUBER-SPRÜCHE

LUDWIG

INHALT

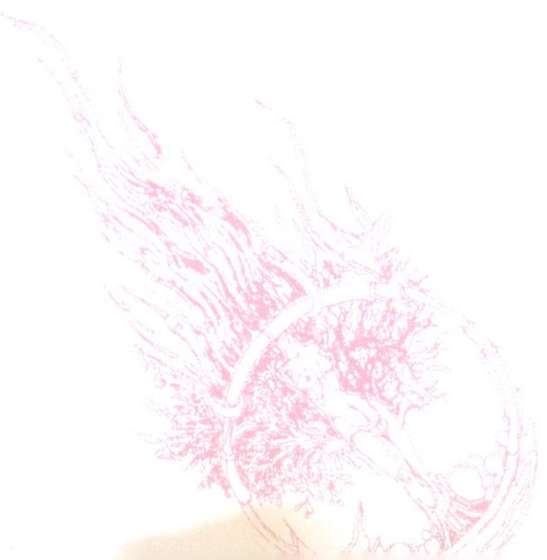

Ungeahnte Kräfte schlummern in jedem

Seit einigen Jahren weist der Buch- wie auch der Zeitschriftenhandel eine erstaunliche Zunahme an so genannter »esoterischer Literatur« auf. Themen wie Reinkarnation, Astralreisen, Parallelwelten, übernatürliche Phänomene und eben auch Magie sowie Hexenkunst haben offensichtlich Hochkonjunktur. Überall werden Seminare und Vorträge angeboten, in denen man lernen kann, wie man mit einem Pendel umgeht, zum Rutengänger wird, mit verstorbenen Angehörigen in Kontakt tritt oder ganz allgemein erleuchtet wird. Wie kommt es, dass gerade unsere moderne Welt, die in Daten, Fakten und der harten Realität aufgeht, in zunehmendem Maß auf alte Weisheiten zurückgreift?

Der Kreis schließt sich

Eigentlich ist die Antwort darauf ganz einfach. Im Zuge der Aufklärung sowie der industriellen Revolution hat unsere Kultur den lobenswerten Schritt aus der Abhängigkeit von undeutbaren Mysterien und unberechenbaren Kräften getan, die bis dahin wie das berühmte Schwert des Damokles über den meisten Menschen hingen und diese einem von außen aufgezwungenen, für den Einzelnen kaum wandelbaren Schicksal unterwarfen. Das Aufblühen der Wissenschaften hingegen machte die Gesetze der Natur nicht nur bekannt, sondern auch in gewissem Maß berechenbar. Der Mensch wurde von einer hilflos den Geschehnissen ausgelieferten Kreatur zu einem machtvollen Wesen mit der Möglichkeit, andere Kräfte vorherzusagen und sie sogar zu beherrschen.

Ebenso verständlich erscheint mir in diesem Zusammenhang die Abkehr vom magischen Weltbild, wo doch jede Hinwendung zu den alten, unerklär- und unberechenbaren Kräften und Mächten der Antike gerade jenes Gefühl des Ausgeliefertseins verstärkt, dem ja hier mit aller Macht ein Ende gesetzt werden soll. Doch neigt der Erfahrungsprozess des Menschen offensichtlich dazu, in Extremen zu verlaufen. Haben wir eine Verhaltensweise einmal als schädlich erkannt, neigen wir dazu, in das andere Extrem zu wechseln, bevor uns klar wird, dass beide Seiten ihre Vor- und Nachteile haben und weise miteinander kombiniert werden müssen, um den angestrebten Erfolg zu erreichen.

Auch die Welt des Magischen und Mystischen ist weder gut noch schlecht. Sie erhält eine für uns positive oder negative Wirkung erst aufgrund der Art und Weise, wie wir mit ihr umgehen. Und wie beim Wasser gibt es auch in der Mystik etwas, auf das wir nicht gänzlich verzichten können; etwas, das für unser seelisches Überleben dringend notwendig ist.

Deshalb sehen wir uns nach langen Jahren der Abwesenheit magischer Denkweisen nun plötzlich wieder mit ihnen konfrontiert, und deshalb gelingt ihnen der Einbruch in eine Welt, die so gar nichts mehr mit jener unserer Vorfahren gemeinsam zu haben scheint. Der Mangel an jenen Schätzen und Weisheiten, die Magie und Mystik für uns bereithalten, hat einen Selbsterhaltungsmechanismus ausgelöst, der ebenso stark ist wie jener, der einen Verdurstenden zum Wasser greifen lässt – und wenn es das eines tosenden Strudels ist.

Magie im Wandel der Zeit

In diesem Sinne besteht die Aufgabe dieses Buches auch darin, Ihnen einen verantwortungsvollen Umgang mit den Möglichkeiten der Magie nahe zu bringen.

Ich denke, dass es nach den Jahrhunderten des vorsichtigen Abstandhaltens nun an der Zeit ist, einen neuen, unseren gereiften Bedürfnissen angemessenen Umgang mit diesen Kräften zu erlernen.

Dazu gehört für mich vor allem eine gänzlich andere Grundeinstellung als jene, mit der unsere früheren Vorfahren an die Sache herangegangen sein mögen. Die Grimoires und Zauberbücher des Mittelalters sind sämtlich von großem Ernst und einer unglaublichen Bedeutungssucht bei gleichzeitiger ständiger Verteidigungsbereitschaft geprägt – Magie schien damals einen Stellenwert zu haben, der den modernen Börsengeschäften vergleichbar ist.

Aus diesem Grunde betrachte ich den Einbruch der Hexenkunst in die heutige Welt mit einem gewissen Wohlwollen, da diese Tradition schon immer über ein gewisses Maß an Selbstironie und auch Lebensfreude verfügt hat – zwei der besten Mittel, um jedem Anfall von magischem Größenwahn wirksam vorzubeugen. Ich bin der Ansicht, dass Magie ruhig Spaß machen darf und mit einfachsten Mitteln umsetzbar sein sollte; zumindest fällt es mir äußerst schwer, mir mich selbst in einem auf den Boden gemalten Kreidekreis vorzustellen, während ich komplizierte Symbole in die Luft zeichnend seitenlange Anrufungen in einer mir unbekannten Sprache durchführe. Die Welt hat sich seit dem Mittelalter verändert, wir haben uns verändert, und eine Magie, die funktionieren soll, muss dies demzufolge auch tun.

Praxis heißt das Zauberwort für die Magie

Die Weiterentwicklung der Magie ist nun aber eine Aufgabe, die jedem Menschen zufällt, der sich praktisch mit der Hexenkunst auseinander setzt und dabei erfolgreich sein möchte. Aus diesem Grund finden Sie im ersten Teil dieses Buches eine Beschreibung der Grundlagen und Funktionsweisen der Magie, die es Ihnen ermöglichen soll, kreativ und zugleich verantwortungsbewusst mit jenen Möglichkeiten umzugehen, die Ihnen schon bald zur Verfügung stehen werden.

Im zweiten Teil des Buches finden Sie Anregungen zur praktischen Gestaltung Ihrer Zauber. Verlassen Sie sich dabei aber nicht nur auf mich; die von mir wiedergegebenen Zauber stellen lediglich »Fallbeispiele« dar, anhand derer Sie sich mit der jeweiligen Wirkungsweise vertraut machen können.

Das letzte Kapitel dieses Buches schließlich soll Ihnen einen Ausblick darauf geben, wie es ist, sein eigener »magischer Versuchsleiter« zu sein.

Dem wäre jetzt nur noch eines hinzuzufügen: Magie ist eine durch und durch praktische Kunst. Natürlich ist das Studium der theoretischen Hintergründe für eine erfolgreiche Praxis eine wesentliche Voraussetzung, die allein jedoch ins Leere läuft. Ebenso nützt es Ihnen herzlich wenig, alles über Elektrizität zu wissen; wenn Sie sich niemals dazu überwinden können, den Lichtschalter zu betätigen, werden Sie immer im Dunkeln sitzen. Wer sich »rein theoretisch« mit Magie befasst, hat keine wirkliche Ahnung davon, denn sie zählt zu jenen Künsten, über die man am meisten erfährt, wenn man sie ausübt. Lassen Sie sich dementsprechend nicht entmutigen, wenn mal ein Zauber misslingt oder Ergebnisse bringt, die Sie so eigentlich nicht geplant hatten – lachen Sie herzlich über Ihre Stilblüten, und machen Sie sich dann mit viel guter Laune daran, Ihr Vorgehen nach Stolperfallen zu überprüfen und andere viel versprechende Wege zu Ihrem Ziel zu erforschen.

Funktionierende Magie wird bei jedem Menschen anders aussehen, weil sie auf Kräfte zurückgreift, die tief in unserem Inneren verborgen sind – und der Weg dahin ist für jeden von uns einzigartig.

In diesem Sinne kann Ihr Weg zur Magie zugleich auch ein Stück des Weges zu Ihnen selbst sein.

Dies ist ein Grund mehr für mich, Ihnen viel Freude dabei zu wünschen!

Vicky Gabriel
Vogelsberg 2001

TEIL I

GRUNDLAGEN
FÜR DEN ZAUBERSPRUCH

ZAUBER-
SPRUCH

Zur Geschichte des Zauberspruchs

Warum ich Sie zunächst mit grundlegenden Details versorge, hat folgenden Hintergrund. Ich habe bereits erwähnt, dass der magische Erfolg eines Menschen nicht zuletzt davon abhängt, in welchem Maß er einerseits seine eigene Form der Zauberspruchmagie gefunden hat und sich andererseits dem Wachstum seiner Persönlichkeit mittels einer Veränderung dieses Stils anzupassen in der Lage ist. Deshalb ist es wichtig, nicht nur die Entwicklung des Zauberspruchs zu betrachten, sondern auch zu bedenken, warum sie diesen Weg genommen hat. Erstens ist das recht spannend, und zweitens hilft es, für die entsprechenden Vorgänge in uns selbst sensibler zu werden.

Um es gleich vorwegzunehmen: Die Geschichte des Zauberspruchs füllt bereits viele Bände älterer wie auch moderner Standardwerke. Deshalb möchte ich nur einige wichtige Stationen auf dem Weg von der Frühzeit des Menschen bis hin zu neuzeitlichen Erscheinungsformen aufzeigen, um Ihnen einen kurzen Einblick in die Vielseitigkeit des Themas zu geben.

Die Anfänge

»Und Gott sagte, es werde Licht: Und es ward Licht.« – So steht es im ersten Buch Mose, erstes Kapitel, dritter Vers. Wenn wir der christlichen Überlieferung Glauben schenken, dann ist die Magie des Zauberspruchs so alt wie die Welt, und auch die Aufzeichnungen vieler anderer Kulturen dieser Erde weisen auf das Wort oder den Gesang als Schöpfungswerkzeug hin. Demzufolge wundert es nicht, dass es sich bei den frühesten Formen des Zauberspruchs meist um die Verwendung göttlicher Namen handelte, die außerhalb des rituellen Rahmens auszusprechen verboten waren, da dies ihre Macht profanisieren und damit schmälern würde. Wer den wahren Namen eines Wesens, einer Person oder einer Sache kennt, hat Macht darüber; dies ist eine der ältesten magischen Überzeugungen der Welt und beschreibt nichts anderes als die Tatsache, dass man nur beeinflussen kann, was man kennt.

So dürfte es sich bei der Magie der »Worte« bzw. »Namen der Macht« um eine der ursprünglichsten Formen des Zauberspruchs handeln. Dieser ist jedoch auch mit dem magischen Gesang verwandt, der in wortloser Form noch weitaus älter sein dürfte und bis in die Frühgeschichte des Menschen zurückreicht.

Antike Zeugnisse

Eine der frühesten schriftlichen und noch heute erhaltenen Erwähnungen der Spruchmagie findet sich bei dem römischen Dichter Ovid, der die Art und Weise, in der Medea den das goldene Vlies bewachenden Drachen einschläfert, in seinen Metamorphosen wie folgt beschreibt:

»Dreimal sprach sie Worte, die friedlichen Schlaf bereiten, die das tobende Meer und reißende Flüsse zum Stehen bringen.«

Mehr sagt Ovid uns leider nicht und befindet sich damit in einer Linie mit den meisten vorchristlichen Autoren, die uns vielleicht aus Ehrfurcht vor der Macht des magischen Aktes nur den Vorgang beschreiben, aber auf eine eindeutige, wörtliche Niederschrift des verwendeten Zaubers verzichten.

Außer im Bereich der Heilmagie, wo sich detaillierte Zauberformeln finden lassen, scheint man bis in die Zeit des frühen Christentums eine gewisse Scheu vor der Wiedergabe magischer Formeln in schriftlicher Form gehabt zu haben.

Was kaum verwundert, wenn man bedenkt, dass noch das römische Imperium selbst jede Form der Schadensmagie mit Höchststrafen wie etwa der Kreuzigung belegte. Im antiken Ägypten und in Griechenland sah man die Sache allerdings nicht ganz so verbissen eng und verbreitete regelrechte Anleitungswerke zur Wirkungsmagie.

Da diese Ursprungswerke leider größtenteils der Vernichtung anheim gefallen sind, bleiben uns heute zur Betrachtung des antiken Zauberspruchs nur jene wenigen Zeugnisse magischer Akte, die die Jahrhunderte überstanden haben; hier wären z. B. jene Bleitäfelchen zu nennen, die von Griechen, Römern und auch Germanen mit Zeichen oder Worten versehen und oft als Amulett getragen wurden. Etwa ab dem dritten Jahrhundert unserer heutigen Zeitrechnung wird die wörtliche Niederschrift von als zauberkräftig erachteten Worten oder Formeln bei den Menschen etwas geläufiger.

Zaubersprüche haben unterschiedliche Formen und Funktionen, und nicht jeder dient dazu, eine Folge von Ereignissen in Gang zu bringen. Manche sind Formeln, die in komprimierter, symbolhafter Weise komplizierte Zusammenhänge erfassbar und damit auch transportierbar machen. So haben z. B. die keltischen Druiden Spruchsammlungen benutzt, um ihr umfassendes Wissen an die nächste Generation weiterzugeben.

Eine andere Form des Zauberspruchs ist die beschreibende Form, deren ältestes schriftlich niedergelegtes Beispiel in unserem Kulturkreis vielleicht das Havamal ist, jener heute auch als »Runenlied« bekannte Teil der »Edda« (eine Sammlung nordischer Götter- und Heldensagen), in dem die Runen in ihrer Funktion wiedergegeben werden.

In ihr finden wir eine Verbindung aus verschiedenen Spruchformen: Während der überlieferte Text Anwendungsbereich und -form des Zaubers beschreibt, liefert die dazugehörige Rune bzw. ihr Lautwert das entsprechende Wort der Macht.

Doch wurden Runen auch in Zeichenform verwendet und waren wie so viele frühe Schriftsysteme zunächst ausschließlich der magischen Verwendung vorbehalten, was jedes niedergeschriebene oder eingeritzte Zeichen bzw. jede Kombination derselben ganz automatisch zu einem Zauberspruch machte.

Vom Mittelalter zur Neuzeit

Im Mittelalter verschmelzen schließlich verschiedene Formen des Zauberspruchs miteinander. Die mittelalterliche Zauberformel nennt oft zuerst in codierter Form eine Reihe von Bestandteilen, die der Magier oder die Hexe zur Ausführung benötigt (»Fliegenbein und Krötendreck ...«), weist dann auf das Ziel der magischen Handlung hin und schließt mit der Nennung des Namens eines Engels, Dämons oder anderer als machtvoll und zuständig erachteter Wesenheiten ab.

Auch bezüglich der Funktion und der Arbeitsweise differenziert sich die Spruchmagie des Mittelalters in völlig verschiedene Unterarten, je nachdem, ob man etwas beschwören möchte, austreibt, überträgt oder ob man Gleiches mit Gleichem zu bewältigen sucht.

So erlebt der Zauberspruch trotz des Verbots der Schadensmagie bereits zu Zeiten des römischen Imperiums eine Hochphase, die allerdings im mittelalterlichen Europa noch übertroffen wird, wo sich im Wesentlichen jene Form herausbildet, die wir heute als Zauberspruch erkennen und bezeichnen.

Auch einige der berühmtesten Sprüche wie z. B. das Abrakadabra werden zu dieser Zeit zum allgemeinen Volksgut, denn vor allem die volkstümliche Magie bedient sich gern und ausdauernd des Zauberspruchs. Es gibt kaum einen Lebensbereich, in den der Zauberspruch nun nicht vordringt.

Auf dieser Ebene hält der Zauberspruch sich auch bis ins 19. Jahrhundert hinein, bevor er dann vom modernen, aufgeklärt und wissenschaftlich denkenden Menschen in das dunkle Reich des Aberglaubens verwiesen wird.

Doch heute arbeiten durchaus wieder viele Menschen tagtäglich mit Zaubersprüchen. Ob sie das Ganze nun Affirmation, Sublimation, Suggestion, positives Denken oder Motivationstraining nennen, im Endeffekt geht es letztlich doch nur um den zielgerichteten Einsatz des magischen Wortes und dessen Erfolg für den Einzelnen.

Eine kleine Systematik

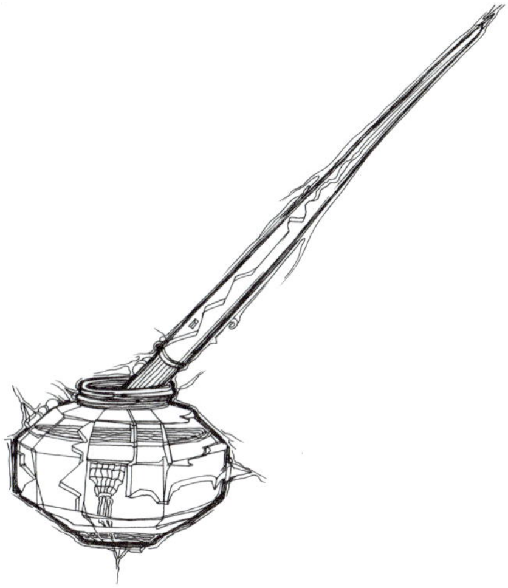

Es gibt viele Möglichkeiten, Ordnung in den Wirrwarr unterschiedlichster Zauberformen zu bringen. Das nachfolgend beschriebene System erhebt keinerlei Anspruch auf Perfektion, sondern stellt nur einen Weg unter vielen dar, die ganze Sache ein wenig übersichtlicher zu gestalten. Ich unterscheide grundsätzlich zwischen der Form und der Funktionsweise eines Spruchs und bilde auf diese Weise meine beiden Hauptkategorien.

Die Form

Die Menschheitsgeschichte ist reich an verschiedenen Zaubersprüchen, wobei es vier wesentliche Erscheinungsarten gibt.

Der wortlose Gesang

Dies ist die wohl älteste Art des Zauberspruchs, genau genommen nur eine Vorform dessen, was wir heute darunter verstehen. Da sie jedoch nach wie vor funktioniert und noch immer recht häufig zur Anwendung kommt, möchte ich kurz darauf eingehen. Die Anfänge dieser Magieform sind in den religiösen Handlungen des Frühmenschen zu suchen, der über noch kein ausgefeiltes Sprachsystem, aber einen weitaus deutlicheren Zugang zur mystischen Ebene der Natur verfügt haben dürfte, als er heutigen Menschen zu eigen ist. Es handelt sich im Wesentlichen um eine schlichte Melodie, die durch ihre ständige Wiederholung eine Erhöhung der magischen Kraft mit sich bringt; im Altertum wurden diese Gesänge durch Worte ergänzt.

Das Wort der Macht

Hierbei handelt es sich um Worte, denen selbst eine große Kraft zugesprochen wird, die in dem Augenblick zur Wirkung kommt, wenn der Magier oder die Magierin sie ausspricht. Meist sind dies entweder die Namen der als machtvoll erkannten Wesenheiten oder Worte, die eigentlich keinen Sinn zu ergeben scheinen. Oft werden solche Worte auch mit sich selbst verschränkt benutzt; ein bekanntes Beispiel hierfür ist das Satorquadrat, das bis ins 20. Jahrhundert hinein auf Talismanen und Amuletten gegen Erkrankungen aller Art bei Tieren und Menschen verwendet wurde. Ich gebe es nachfolgend in der mittelalterlichen, also der umgekehrten Form wieder:

ROTAS
OPERA
TENET
AREPO
SATOR

Da es auch hier mindestens ein Wort gibt, dessen Bedeutung anhand des lateinischen Wortschatzes nicht schlüssig zu klären ist (arepo), verfügen wir über keine 100-prozentig sichere Übersetzung des Quadrats. Ich persönlich mag die Formel »Der Schöpfer erhält seine Werke« am meisten, weil sie den Universalcharakter dieses Zaubers unterstreicht und vielleicht auch erklärt.

Der Zauberspruch

Kommen wir nun zu dem, was man heute im Allgemeinen unter einem Zauberspruch versteht: ein- oder mehrzeilige Beschwörungen, die sich reimen oder auch nicht. Diese sind entweder sehr kurz und werden ständig wiederholt, wobei sich emotionale Intensität und Konzentration auf das erwünschte Ziel stetig steigern, oder sie sind sehr lang und enthalten diese Steigerung oft schon durch Rhythmus und Wortwahl. Manche sind auch dazu gedacht, am Ende der Beschwörungsphase ein einziges Mal laut, klar und bestimmt ausgesprochen zu werden; andere wiederum wurden (und werden) gar nicht laut formuliert, sondern auf ein Stück Papier oder einen anderen Gegenstand geschrieben, wobei der Magier unter Umständen eine zweite Formel aufsagt, die die geschriebene unterstützen soll. Solch eine allgemein wirkende Unterstützungsformel ist z. B. das »So sei es« paganistischer Kulte.

Die magische Geschichte

Man stelle sich einen keltischen Stamm vor, der anlässlich eines Festes – vielleicht Samhain – um ein oder mehrere Lagerfeuer versammelt sitzt. Dort sitzt ein alter Mann, dessen Kleidung und Zeichen ihn als Geschichtenerzähler ausweisen. Die ganze Nacht wird er so verbringen und von den Taten der Götter, Helden und Ahnen des Stammes berichten. Auf gewisse Weise sind die Ereignisse, von denen er berichtet, nur geschehen, damit er davon singen kann – und indem er dies tut, stellt er rückwirkend sicher, dass seine Helden die Schlachten der Vergangenheit auch wirklich geschlagen und die Götter ihre großen Handlungen tatsächlich vollzogen haben.

Im großen Kreislauf der Zeit, in dem Werden und Vergehen einander immer wieder begegnen, hat die magische Geschichte wesentlichen Anteil am Erhalt der Welt, wie sie der Stamm kennt.

Eines der berühmtesten Beispiele für diese Form des Wortzaubers ist der zweite

Merseburger Zauberspruch, doch dürfte sich diese Magieform bereits in der Antike häufig gefunden haben. Im späten Mittelalter und in der Neuzeit lebte dieser Brauch noch einmal auf, um dann – etwa zu Beginn des 20. Jahrhunderts – wieder in Vergessenheit zu geraten.

Diese Zauber enthalten keinerlei Wünsche oder Befehle, sondern erzählen lediglich einen Vorgang, der anderswo bereits geschehen ist und den zu erleben sich der Magier ebenfalls wünscht, und er stellt eine lohnenswerte Alternative zum meist eher schwarzmagisch (siehe Seite 67) angeordneten Liebeszauber des Mittelalters dar.

Die Funktionsweise

Form und Inhalt des Zaubers bedingen einander zumeist. So verhält es sich auch im Hinblick auf die Funktionsweise der verschiedenen Zauberformen.

Gesang

Bei der wortlosen Beschwörung schafft der Magier vor seinem inneren Auge ein deutliches Bild dessen, was er erreichen, oder des Wesens, das er anrufen möchte. Er oder sie beginnt, leise zu summen – entweder eine Melodie, die ihm bereits bekannt ist oder die er gerade im Augenblick in sich entwickelt, oder zunächst nur einen oder zwei Töne. Dieses Summen wird nun als »Träger« für die emotionale Intensität des Zaubers und auch als Konzentrationsinstrument benutzt. Zum einen verstärkt der Magier also durch das Singen seine Gefühle bezüglich des erwünschten magischen Ziels; dabei steigen Gefühls- und Gesangsintensität gemeinsam an – je intensiver die Emotionen des Magiers, desto inniger und/oder lauter wird auch sein Singen ausfallen und umgekehrt. Die beiden Teile unterstützen sich also gegenseitig. Zum anderen hilft die Wiederholung einer bestimmten, zumeist schlichten Tonfolge dabei, die völlige Konzentration auf das angestrebte magische Ziel zu behalten, da dieses mit der gewählten Tonreihe assoziiert wird.

Bei der Beschwörung einer Wesenheit wird meist ein Gesang gewählt, den der Magier bereits mit dem Zielwesen in Verbindung bringt. Dieser kann, muss aber nicht wortlos sein, und gerade bei den antiken Göttern steht uns da eine große Auswahl an Hymnen und Anrufungsgesängen zur Verfügung.

Der Gesang stellt eine Verbindung zur erwünschten Wesenheit her und intensiviert diese, was wiederum die Kraft des Gesangs verstärkt. Musik ist ein machtvoller Helfer auf allen magischen und auch mystischen Wegen.

Worte der Macht

Die magische Kraft der Worte ist entweder in deren Bedeutung oder in deren Klangschwingung begründet. Oft mischt sich beides miteinander.

Die ursprünglichste Form des Wortes der Macht dürften eben diese göttlichen Namen gewesen sein, die auf der Bedeutungsebene alle eine direkte Verbindung zu ihren Trägern herstellen.
Darüber hinaus jedoch hat jeder dieser Namen, in seiner Ursprungssprache korrekt ausgesprochen, eine deutliche Wirkung auf der Schwingungsebene sowohl des materiellen als auch feinstofflichen Bereichs, die in direkter Verbindung zum »Zuständigkeitsbereich« einer jeden Gottheit steht.
Oft sind die überlieferten Worte der Macht scheinbar sinnlose Silbenanhäufungen, die sich seit Jahrhunderten der eindeutigen Entschlüsselung entziehen; das berühmte »Abrakadabra« zählt zu diesen. Deshalb ist es noch lange nicht wirkungslos. Oft besteht die Kraft solcher »Unsinnswörter« einzig in ihrer Schwingungsqualität, was ihre Anwendung heutzutage meist recht schwierig macht, da sie entweder ausgestorbenen Sprachen entstammen, deren Aussprache nicht zweifelsfrei überliefert ist, oder durch die Jahrhunderte hinweg verändert wurden.

Zauberspruchvarianten

Spruch ist nicht gleich Spruch! Je nachdem, was Sie erreichen möchten, stehen Ihnen auch hier verschiedene Formen des Zauberspruchs zur Verfügung.
Für diesen Absatz greife ich im Wesentlichen auf die Arbeit von Alf Önnerfors zurück, da diese meiner Ansicht nach den umfassendsten Ansatz aufweist. Schauen wir uns also seine und noch ein paar weitere Kategorien genauer an.

Einfache Beschwörungen

Hierbei handelt es sich um Zauber, in deren Verlauf im Wesentlichen nur der Name der Zielperson und der mit dieser in Verbindung stehende Wunsch ausgesprochen werden. So findet sich z. B. bei Plinius die folgende Anweisung: »Einige haben berichtet, die angebundene Wurzel der Herbstnessel befreie beim Dreitagefieber von dieser Krankheit, wenn man so vorgeht, dass man beim Ausreißen der Wurzel die Krankheit benenne und angebe, für wen man sie herausziehe.«
Hier wird also – wie meist in der Spruchmagie – eine symbolische Handlung mit dem Zauberspruch verbunden. Zuerst wird das Kraut gesucht und dieses dann unter Nennung des Kranken, dessen Herkunft von mütterlicher Seite und oft auch der Erkrankung aus dem Erdboden gezogen. Das kann sich in etwa so angehört haben: »Lukas, Sohn der Uta, Tochter der Margarethe – sei vom Fieber befreit!« Im Augenblick, da die Pflanze die Erde verlässt – also »stirbt« –, geht ihre heilende Kraft auf die benannte Person über.

Austreibung

In früheren Zeiten (und noch heute in so genannten »primitiven Kulturen«) hielt man Krankheiten häufig für Dämone, die sich in der erkrankten Person niederließen. Was lag näher, als solche Quälgeister auf demselben Weg hinauszuscheuchen, wie sie gekommen waren? Ein beeindruckendes Beispiel hierfür findet sich in der Physica Plinii Sangallensis: *»Hör zu, Nierenschmerz, verschwinde vom Mark in die Knochen, von den Knochen ins Muskelfleisch, vom Muskelfleisch in die Muskeln, von den Muskeln in die Haut, von der Haut in die Härchen, und scher dich von den Härchen hundert Meilen weg von hier!«*

Heute wissen wir, dass die antiken und »primitiven« Kulturen gar nicht so weit von der Wahrheit entfernt waren, wie wir noch bis vor kurzem dachten, und die Zusammenhänge der Psychosomatik sind heute allgemein anerkannt. Wenn uns mittlerweile wieder bewusst wird, wie groß der Einfluss unseres unbewussten Geistes auf unseren Gesundheitszustand ist, nennen wir den Dämon nur anders, als es unsere Vorfahren taten. Deshalb sind Austreibungen vor allem bei psychosomatischen Erkrankungen sinnvoll, wenn das krank machende Verhaltensmuster bereits erkannt und mit seiner Veränderung begonnen wurde, die körperliche Entwicklung aber hinter der seelischen noch ein wenig nachhinkt.

Drohungen

Während die Austreibung dem Dämon deutlich sagt, was er zu tun hat, aber sonst in keinerlei Beziehung zu ihm tritt, arbeitet der Drohzauber genau umgekehrt: Dem Dämon wird Fürchterliches vorhergesagt, doch wie er aus der Patsche kommt, ist seine Sache. Ein christlicher Zauber gegen Unterleibschmerzen aus dem 6. oder 7. Jahrhundert liefert uns hier ein anschauliches Beispiel: *»Als Christus geboren wurde, traf jeden Schmerz ein Leiden. Verschwinde, Schmerz, Christus verfolgt dich!«* Das Prinzip besteht hier darin, der krank machenden Kraft eine noch größere, heilbringende auf den Hals zu hetzen. Je machtvoller der Helfer, umso besser – denn dann ist es unter Umständen gar nicht mehr von Bedeutung, ob die zur Hilfe gerufene Wesenheit tatsächlich einschreitet, weil alleine die Drohung schon genügt, den Dämon das Fürchten und damit den eiligen Abgang zu lehren.

Im Sinne der Psychosomatik erscheint es mir sinnvoll, als Helfer Gestalten oder Symbole zu wählen, die für den Erkrankten in enger Verbindung zur Heilung oder zu jenen Schritten stehen, die er selbst unternehmen muss, um seine ihn krank machenden Verhaltensweisen zu verändern. So kann sich ein an den Folgen eines Herzanfalls leidender Workaholic beispielsweise effektiv mit der Macht des Asklepios (griechischer Gott der Heilung) oder der Euphrosyne (griechische Göttin des Frohsinns und der Lebensfreude) verbünden.

Übertragung

Hier wird das Übel einfach jemand anderem aufgehalst – idealerweise jemandem, der damit viel besser umgehen kann als

wir Menschen, wie z. B. einem Baum. Ein uraltes, aber bis ins 20. Jahrhundert angewendetes und daher noch immer recht bekanntes Beispiel ist der folgende Gichtzauber. Nach einer Reihe von Handlungen, die den Übertritt der Krankheit auf den Baum symbolisieren, sagt man dann:
»Guten Morgen, Frau Fichte – da bring ich dir die Gichte.«
Interessanterweise empfiehlt die Überlieferung als Übertragungspartner oft Bäume oder Pflanzen, die traditionell mit heilenden und tröstenden Aufgaben in Verbindung gebracht werden.
Hier wirkt also nicht nur der magische Wille des Ausführenden, sondern zudem auch der Geist der Pflanze, der einer jener Aufgaben gerecht wird, für die er in der Welt ist.

Analogiezauber
Dieser Magieform liegt der Grundsatz »Gleiches mit Gleichem behandeln« zugrunde. Die Abrakadabra-Formel ist in der Anwendung gegen Fieber ein gutes Beispiel dafür. Man schreibt sie einmal komplett auf ein Blatt Papier, wiederholt sie in der nächsten Zeile bis auf den letzten Buchstaben, in der übernächsten werden die letzten zwei Buchstaben fortgelassen und so weiter, bis in der elften Zeile nur noch der Anfangsbuchstabe A steht, und sagt dann:
»So, wie das Abrakadabra verschwindet, soll auch das Fieber von ... [Name der Zielperson] verschwinden.«
Bei dieser Magieform wird ein Vorgang, über den man keine Macht hat (in diesem Fall das Fieber), mit einem anderen, den zu beeinflussen man leicht imstande ist (hier die äußere Gestalt der Formel), in enge Verbindung gebracht – was nun dem einen geschieht, widerfährt auch dem anderen. Wer das mit genügend Konzentration und Willenskraft ausführt, kann dabei durchaus erfolgreich sein.
Eine andere Form des Analogiezaubers besteht darin, den Wunsch mit Gegenständen zu verknüpfen, die von alters her damit in Verbindung stehen; das bekannteste Beispiel hierfür ist wohl der sich um eine rote Rose drehende Liebeszauber. Analogiezauber zählen zu den heute am häufigsten angewendeten Magieformen.

Verneinende Analogie
Solche Zauber funktionieren genau umgekehrt wie die Analogiemagie. Während die letztere ein vorhandenes Objekt benutzt, um eine Situation zu beeinflussen, greift die verneinende Analogie auf ein vergangenes, nicht genau so wiederholbares Ereignis zurück, um damit einen Vorgang zu verknüpfen, den der Ausübende möglichst nicht erleben will.
Als Beispiel ein Zauber des Marcellus zur Vermeidung von Zahnschmerzen: Der Ausübende nimmt beim Anblick der ersten Schwalbe des Frühjahrs einen Schluck Wasser zu sich und sagt dann:
»Schwalbe, ich sage dir: So wie dies Wasser nicht zum zweiten Mal in meinem Mund

sein wird, so sollen mir das ganze Jahr die Zähne nicht schmerzen.«

Man sei bei der Auswahl der Situation vorsichtig – es ist manchmal wahrhaft erstaunlich, welch ein Unsinn sich tatsächlich wiederholt!

Eine andere Form der verneinenden Analogie ist die Herstellung einer so genannten »Negativ-Situation«. Wieder liefert uns die Physica Plinii Sangallensis ein anschauliches Beispiel. Hier wird empfohlen, zur Vermeidung des viertägigen Fiebers an einem Kreuzweg drei Steinchen zu sammeln und diese in einen Topf mit Deckel zu legen. Dazu sage man: »*Wie die Sonne diese nicht sehen kann, so soll das Viertagefieber ... [Name des Kranken] nicht sehen können.*«

Die magische Geschichte

Sehen wir uns schließlich die Funktionsweise der »Geschichtenzauber« näher an. Meist werden hier keine Alltagsbegebenheiten erzählt, sondern der Magier greift auf mythische, historische oder ähnliche Ereignisse zurück. Vor allem Götter- und Heiligenlegenden scheinen sich hervorragend zu eignen, wenn man anhand ihrer Häufung unter den Geschichtenzaubern auf ihre Wirksamkeit schließen kann. Die meisten uns zugänglichen und schriftlich bewahrten Zauber dieser Art beziehen sich verständlicherweise auf die christliche Mythologie (»Mythologie« deshalb, weil die Volksmagie seit jeher eher auf traditionell überlieferte Christus- und Heiligenerzählungen als auf biblische Ereignisse zurückgreift), aber auch die Legenden anderer Kulturen und Religionen können auf diese Weise zu machtvollen Zaubermitteln werden.

Diese Form der Magie funktioniert auf zweierlei Weise. Zum einen bedient sie sich der analogen Wirkungsweise, indem sie formelhaft ein bekanntes, meist mythologisches Geschehnis mit dem Leben des Magiers verbindet, dem nun dieselben Ereignisse widerfahren.

Zum anderen aber sehe ich persönlich in diesen Zaubern zudem eine entfernte Variante der so genannten »Pfadarbeit«. Diese bedient sich magischer Formeln oder auch Geschichten, die seit Jahrhunderten (manchmal sogar seit Jahrtausenden) weitergegeben und – das ist das Wesentliche daran – verwendet werden und die somit einen breiten Weg in jene andere, feinstoffliche Welt bilden, in der alles, was in unserem Leben materiell in Erscheinung tritt, zunächst ätherische Form annimmt. Dies demonstriert ein altdeutscher Zauber zum Blutstillen bei Verletzungen recht anschaulich:

»Magdalena hatte drei Töchter. Die erste sprach: ›Gehen wir fort von hier und wandern wir‹; die andere sprach: ›Stehen wir‹; die dritte sprach: ›Siehe, wir wollen umkehren, bleiben wir hier und setzen uns!‹ Und so sollst auch du, Blut, stehen bleiben durch den Herrn Jesum, Gottes Sohn, durch sein Mütterchen und durch die ganze hoch gelobte heilige Dreifaltigkeit.«

Magische Grundprinzipien

Man sieht nur mit dem Herzen gut, das Wesentliche ist für die Augen unsichtbar«, schrieb Antoine de Saint-Exupéry. So sehr ich Antoine de Saint-Exupéry liebe, aber hier kann ich ihm nicht ganz zustimmen. Es ist das »nur«, das mich an jenem berühmten Zitat stört.

Ich denke, dass sich das Wesen der Realität nur ganzheitlich erfassen lässt, wenn wir es mit all unseren Sinnen betrachten. Und dabei leisten gerade unsere Augen keine schlechten Dienste, denn mit ihnen nehmen wir oft jene Stellen wahr, die zu »Toren« in die andere Welt werden können. Oder haben Sie noch nie diesen geheimen Schauer erlebt, der uns beim tiefen Blick in die Augen eines geliebten Menschen überläuft, diese ferne Ahnung, in etwas hineinzusehen, das sich kaum mit den Maßstäben des Alltags messen lässt?

Die andere Seite

Magische Weltbilder, welcher Art auch immer, gehen grundsätzlich von der Existenz einer anderen, feineren und labileren Ebene hinter jener unseres materiellen Lebens aus. Ihr Glaube an diese Ebene ist für die erfolgreiche Durchführung eines Zaubers unwichtig – wenn Sie einen Lichtschalter betätigen, wird es nun einmal hell, ob Sie an die Existenz von Elektrizität glauben oder nicht. Sollten Sie allerdings immer noch im Dunkeln sitzen, ist möglicherweise auch die Glühbirne kaputt.

Ähnliches gilt für die Magie: Wenn sie nicht funktioniert, heißt das keineswegs, dass es sie nicht gibt, sondern nur, dass Sie herausfinden müssen, wo in Ihrem Zauber diese verflixte durchgebrannte Glühbirne steckt! Nach den ersten erfolgreichen Versuchen stellt sich die Frage nach der Existenz einer »Welt hinter der Welt« so oder so nicht mehr.

Magie schärft die Sinne

Magie hat die interessante Angewohnheit, unsere Sinne für die nicht materiellen Ebenen des Universums zu schärfen. Nachdem Sie einen elektrischen Weidezaun berührt haben, stellen Sie das Vorhandensein von Strom ja auch nicht mehr in Frage – unsichtbar oder nicht. Um die Wechselwirkung zwischen der materiellen und der feinstofflichen Ebene unserer Welt zu skizzieren, möchte ich ein Bild entwerfen. Stellen Sie sich vor, Sie wären ein Buchstabe auf dem Blatt eines Notizblocks. Dieser Block ist Ihre Welt: Eine weite, weiße Ebene, auf der ständig Veränderungen vorgehen. Buchstaben kommen und verschwinden wieder, wenn die Elemente der Geburt (Bleistift) und des Todes (Radiergummi) ihre Arbeit tun. Auch Zeichnungen tauchen auf und vergehen wieder.

Mit zunehmender Erkenntnisfähigkeit stellen die Bewohner des Notizblocks fest, dass zwischen ihnen bestimmte Zusammenhänge bestehen – mehrere Buchstaben bilden kleine Gemeinschaften, die ihrerseits wieder Teil eines größeren Sinnzusammenhangs sind.

Vielleicht bemerken sie sogar eines Tages, dass es unter ihrem Blatt noch weitere, ebenfalls beschriebene Blätter gibt, und treten mit diesen in Verbindung. Der Rand des Notzblocks – ihrer Welt – ist für die Bewohner jedoch ein Mysterium, da sie noch nicht über die Mittel verfügen, allzu weit darüber hinauszublicken. Deshalb erscheinen ihnen Leben und Tod, Sinn und Zweck ihres Daseins auch als ein Geheimnis, dessen Lösung dort draußen, jenseits des Notizblocks liegt: Von den Bewohnern unerkannt ist dort ein Mensch, der die durch seine Sätze ausgedrückten Sinnzusammenhänge zunächst denkt und dann zu Blatt bringt. Alles, was auf der Papierwelt erscheint und dort zu sehen ist, hat er zuerst gedacht und in seiner Vorstellungskraft geformt, bevor er es sichtbar machte.

Mit unserer Welt ist es ähnlich. Hinter ihr verbirgt sich eine zweite, geheimnisvolle und für uns nur in Ausnahmefällen wahrnehmbare Ebene, auf der alles, was in der materiellen Welt in Erscheinung tritt, zunächst auf feinstoffliche Weise vorgeformt, »vorgedacht« wird. Und so, wie ohne den schreibenden Menschen nichts auf dem Papier erscheint, existiert auch in unserer Welt nichts, das nicht zunächst auf jener anderen Ebene erschaffen wurde. Dies ist ein Mechanismus, der immer funktioniert und immer zur Anwendung kommt.

Magie ist überall

Allerdings gibt es zwischen den »Papierleuten« des obigen Beispiels und uns einen wesentlichen Unterschied: Unser Bewusstsein reicht in die feinstoffliche Welt hinein, was bedeutet, dass wir Schöpfer und Geschöpf zugleich sind. Es ist keine ferne Gottheit, die unsere tägliche Realität gestaltet (oder zumindest ist sie es nicht allein); die Einzelheiten unserer Existenz werden vielmehr von uns selbst in der anderen Welt festgeschrieben, bevor sie sich im Hier und Jetzt manifestieren.

Dazu benutzen wir bestimmte Werkzeuge, die für eine solche Aufgabe hervorragend geeignet sind, da sie eigentlich gar nicht der materiellen, sondern bereits der feinstofflichen Ebene angehören, wie unsere Gedanken und Gefühle. Diese stellen sozusagen »Schnittstellen« zwischen den beiden Welten dar, etwas, das wir als Teil unserer Persönlichkeit anerkennen, das aber auch die feinstoffliche Ebene unzweifelhaft prägt.

Hier, an diesen Schnittstellen, findet nun die Magie statt – und zwar ständig, ob Sie sich dessen nun wirklich bewusst sind oder nicht.

Magie ist keine außergewöhnliche, nur wenigen auserwählten Menschen vorbehaltene Technik, sondern vielmehr etwas, das jeden Tag von jedem Menschen angewandt wird. Jedes Mal, wenn wir uns ein Bild von einer Situation machen, bestimmte Gefühle haben oder klar umrissene Erwartungen hegen, betreiben wir Magie.

Zur Kunst wird die Magie allerdings erst dann, wenn man sie bewusst anwendet, und genau mit dieser Kunst beschäftigen wir uns hier.

Die Kunst der Beeinflussung

Damit haben Sie die erste Grundlage der Magie bereits kennen gelernt: die zwischen den beiden Welten bestehende Wechselwirkung und jene Hilfsmittel, die wir selbst einsetzen, um an dieser Wechselwirkung zwischen den Welten teilzuhaben. Die zweite Grundlage besteht nun in der Manipulation. Ich hoffe, Sie zählen nicht zu jenen Menschen, die dieses Wort nicht mögen und jegliche Manipulation anderer Menschen zu vermeiden suchen. Denn wenn Sie das anstreben sollten, werden Sie letztlich sterben – und das, ohne Ihr erklärtes Ideal jemals erreicht zu haben. Denn dieses Universum stellt eine in Anbetracht seiner großen Ausdehnung erstaunlich eng miteinander verwobene Gemeinschaft dar, in der es unmöglich ist, sich nicht gegenseitig zu beeinflussen. Ja, mehr noch: Unsere Welt existiert, wächst und wandelt sich auf der Grundlage dieser Tatsache. Ohne Manipulation existiert letztlich kein Leben.

Schon Ihre Grundbedürfnisse verändern die Welt ständig. Weil Sie essen wollen, wird ein Stück Wald gerodet und zum Kornfeld gemacht. Weil Sie nicht frieren wollen, werden Wasserkraftanlagen gebaut. Und jedes Mal, wenn Sie ein- und wieder ausatmen, verwandelt Ihr Körper Sauerstoff in Kohlendioxid. Jede Ihrer Handlungen verändert die Welt ein klein wenig. So kann ein Nebensatz in einem Gespräch Ihren Gesprächspartner zu einem neuen Verhalten anregen oder Ihr morgendliches Lächeln einen Ihnen wildfremden Menschen dazu bringen, den Tag mit anderen Augen zu sehen.

Interaktion ist letztendlich nichts anderes als Beeinflussung. Und in diesem Universum interagiert alles miteinander, ob wir seine Bestandteile nun als bewusst im wissenschaftlichen Sinne definieren oder nicht (ein Problem, das sich im Übrigen für die Hexenkunst so oder so nicht stellt, da hier die gesamte Schöpfung als intelligentes, sich seiner selbst bewusstes Wesen begriffen wird).

Wir können es also nicht vermeiden zu manipulieren und sollten dies auch gar nicht erst anstreben, weil ein solcher Versuch nur zu Stagnation und somit letztendlich zum Untergang führen kann. Es geht vielmehr darum, die Kunst der Beeinflussung im Dienste einer besseren Welt so bewusst und verantwortungsvoll auszuüben, wie es uns nur möglich ist. Das wiederum ist Magie.

Wie genau funktioniert dies aber, und worin bestehen die uns zu diesem Zweck von Natur aus mitgegebenen Werkzeuge? Zwei davon haben wir hier bereits angesprochen: unsere Gedanken und Gefühle. Weitere stellen unsere Vorstellungskraft und unser Wille dar.

Gedanken

Unsere Gedanken sind sozusagen der Stift, mit dem wir in der anderen Welt niederschreiben, was wir hier verwirklichen wollen. Es handelt sich hier gewissermaßen um eine Skizze, vergleichbar dem Plan, der vor dem Bau eines Hauses erstellt wird. Je genauer und detaillierter dieser Plan ist, umso schöner und stabiler wird das Ergebnis aussehen. Ähnliches gilt für die magische Arbeit. Sie sollten Ihren Wunsch so genau und unmissverständlich wie möglich formulieren. Je weniger Raum in dem von Ihnen gewählten Satz für nicht erwünschte Alternativen bleibt, umso besser. So ist z. B. die Formulierung »Ich will reich werden« eine immer wieder gern verwendete magische Falle.

Reich woran? An Geld, Freunden und Liebe oder an Ärger, Feinden und Unfällen? Ihnen mag ja klar sein, was Sie meinen, aber woher soll es das Ihren Zauber ausführende Universum wissen?

Achten Sie also immer darauf, einen Zauber so zu formulieren, als wenn Sie Ihren Wunsch einem Menschen erklären wollten, mit dem Sie noch nie zuvor gesprochen haben. Sie sollten allerdings in diesem Zusammenhang keine Romane verfassen. Aus irgendeinem Grund reagiert das Universum nur auf kurze und knappe Bestellungen – wahrscheinlich, weil es eh schon zu viel zu tun hat.

Gefühle

Falls Sie sich Magie in etwa so vorstellen, dass Sie in würdevoller Haltung in einem Kreis stehen und mit ruhiger Stimme melodische Anrufungen intonieren, muss ich Sie leider enttäuschen.

Beim Zaubern geht es rund, denn dazu benötigen Sie auch die Kraft Ihrer Gefühle. Diese sind der Motor, mit dem Sie Ihre Gedanken in Bewegung setzen und ihnen Nachdruck verleihen. Sie können sich das Wechselspiel dieser beiden Komponenten wie folgt vorstellen: Die Gedanken zeichnen den von Ihnen gewählten Satz auf die feinstoffliche Ebene; die dazugehörigen Gefühle jedoch prägen ihn tief in die immaterielle Substanz der anderen Welt hinein und formen ihn zu einer Art Skulptur, die nicht zu übersehen ist. Je stärker und unvermischter Ihre Gefühle während der Durchführung eines Zaubers sind, desto höher und beeindruckender ragt diese Skulptur in der anderen Welt auf.

Gerade Menschen, die einen »großen Traum« hatten, waren schon immer die besten Magier. Die Skulptur der Freiheitsstatue ist auf der feinstofflichen Ebene mindestens ebenso groß wie ihr materiell ausgeführtes Gegenstück in New York und stellt ein Symbol dar für das Ergebnis eines einzigen, konzentrierten magischen Aktes, den Millionen von Menschen mit all ihrer Leidenschaft gemeinsam bewerkstelligt haben.

Vorstellungskraft

Da wir gerade von Skulpturen sprechen: Diese entstehen zwar letztlich aus einem Gedanken, haben aber selten die Form eines Satzes. Um aus einem Satz Wirklichkeit werden zu lassen, benötigen wir die Kraft unserer Fantasie, denn sie aktiviert unsere Gefühle.

Es ist nicht die Aussage »In China hat ein Erdbeben der Stärke 7,5 stattgefunden«, die uns schockiert und erschrocken innehalten lässt, sondern es ist schlichtweg die Vorstellung von unter den Trümmern ihrer Häuser begrabenen und elend erstickenden Menschen, die sich uns automatisch aufdrängt und unser ganzes Mitgefühl fordert.

Je genauer Sie sich Ihr magisches Ziel vorstellen, desto mehr Empfindungen werden Sie auch zu diesem Bild haben können – und diese Empfindungen haben nichts Besseres zu tun, als in der anderen Welt sofort mit dem Bau einer Skulptur zu beginnen.

Wille

So, wie die Vorstellungskraft einen Fokus für Ihre Gefühle schafft, wirkt der Gedanke als Fokus für Ihren Willen. Dieser ist sehr eng mit Ihren Gefühlen verbunden. Es ist ein bestimmtes innerliches »Ja, das will ich« und lässt kein »aber« zu.

Wenn Ihr Zauber erfolgreich sein soll, müssen Sie so lange an seinem exakten Inhalt feilen, bis Sie voll und ganz dazu stehen können. Wenn Sie dem erwarteten Ergebnis gegenüber moralische Vorbehalte haben oder nicht sicher sind, ob Sie mit dem Resultat auch fertig werden können, wird Ihr magisches Experiment scheitern. Dummerweise gilt dies nicht nur für Ihren bewussten, sondern auch für Ihren unbewussten Geist.

Fazit: Wer erfolgreich Magie betreiben will, muss sich selbst entweder sehr gut kennen oder bereit sein, jedem unguten Gefühl, jedem noch so kleinen Zögern bei der Planung eines Zaubers nachzuspüren und herauszufinden, was sich dahinter verbirgt. Vergessen Sie nicht: Es ist nicht Ihr Wille, jetzt aufzustehen und eine Tasse Tee zu trinken, der Magie bewirkt. Oberflächliche Wünsche haben nicht die Macht, Ihre Welt entscheidend zu verändern. Es ist vielmehr die ursprüngliche Triebkraft tief in Ihrem Innern, die Sie um Ihr tägliches Überleben kämpfen lässt, die hier gefordert ist.

Symbole

Wie eben erwähnt, stellen also Ihre Gedanken und Gefühle zwei der wichtigsten Werkzeuge zur Durchführung eines magischen Zaubers dar. Wenn dieser erfolgreich sein soll, müssen diese beiden Hand in Hand miteinander arbeiten; das Dumme ist nur, dass sie zwei verschiedene Sprachen sprechen und es bisher noch keinem der beiden gelungen ist, die des anderen zu erlernen.

Deshalb benötigen wir eine dritte Sprache, die beiden Komponenten geläufig ist: jene der Symbole. Dabei handelt es sich um Zeichen, die eine Person oder auch eine ganze Kultur wählt, um in kurzer, prägnanter Form komplexe Zusammenhänge zum Ausdruck zu bringen. Der Verstand erlernt die Bedeutung eines Symbols, während unsere emotionale Seite dessen Inhalte auf unmittelbare und intuitive Weise erfasst.

Um Magie nachhaltig zu bewirken, benötigen Sie sowohl »Kopf« als auch »Bauch«. Unser rationaler Verstand ist jene Instanz, die einen Zauber plant, dessen Ziele festlegt, die dafür benötigten Utensilien bestimmt und organisiert und schließlich für die Durchführung einen geeigneten Ort sowie die beste Zeit ermittelt. Auch die einzelnen Handlungen während des Rituals werden von unserem Verstand veranlasst.

Die eigentliche Magie jedoch, jene Energie, die im Laufe eines gelungenen Zaubers wie eine Welle in diese und die andere Welt hinausflutet, wird nicht von unserem Verstand in Bewegung gesetzt, sondern geht auf das Konto eines Persönlichkeitsanteils, der wesentlich älter, ungeformter und für viele Menschen auch seltsamer ist als unser wacher Geist. Dieser Teil von uns hat viele Bezeichnungen. Einige Autoren nennen ihn das archaische Selbst, andere sprechen vom kindlichen Ich oder einfach vom tiefsten Unbewussten in uns.

Tatsache ist, dass diese Sphäre eine Art Übergangszone darstellt; nämlich jenen Bereich, wo die Grenzen zwischen unseren unbewussten Seelenanteilen und denen anderer Menschen fließend verlaufen. Hier haben wir einen Zugang zum kollektiven Unbewussten ganzer Gemeinschaften – und auch zu den diesem innewohnenden Kräften.

Deshalb ist das erfolgreiche »Anzapfen« tiefer und alter Persönlichkeitsschichten während eines Zaubers für dessen Gelingen von so großer Bedeutung: Das uns dann zur Verfügung stehende Potenzial

ist weitaus größer, als es ein einzelner Mensch sein kann, und reicht nicht nur weit in den Raum hinein, sondern auch in der Zeit zurück.
Gerade alte, von einer Gesellschaft seit langem verwendete Symbole haben diese Macht, weil sie in der Lage sind, mit dem kindlichen Selbst oder den archaischen Ebenen in uns in Verbindung zu treten und diesen recht genau mitzuteilen, was wir uns wünschen.
Wenn uns das erst einmal gelungen ist, können wir uns getrost umdrehen und die Umsetzung dieser Wünsche unserem Unterbewusstsein überlassen. Darin ist es gut, und darin besteht auch nicht das Problem bei der Magie; schwierig ist nur, sich klar und deutlich auszudrücken.
Es gibt zwei verschiedene Arten von Symbolen: solche, die einer größeren Gruppe von Menschen gemeinsam sind und jene, die eine einzelne Person selbst erschafft. Letzteres ist in magischem Zusammenhang eine aufwändige Angelegenheit, weil man sich intensiv mit der Entwicklung des jeweiligen Zeichens auseinander setzen muss, damit sowohl vom Verstand als auch der Intuition sofort erkannt werden kann, was damit ausgedrückt werden soll.
Die Sigillen-Magie verwendet derartige Zeichen. Ich ziehe jedoch vor, den Schatz der bereits existenten Symbole zu verwenden, von denen viele den Vorteil haben, seit Jahrhunderten, wenn nicht sogar Jahrtausenden in allgemeinem Gebrauch zu sein. Solche Sinnzeichen sind Teil jener Kultur, in der wir aufwachsen, gehören sozusagen zu unserer »Grundausstattung« und entfalten ihre Wirkung ganz unmittelbar jedes Mal, wenn wir in Kontakt mit ihnen gelangen. Sie »funktionieren« einfach.
Aus diesem Grund ist es sinnvoll, sich für die magische Arbeit Symbole aus der eigenen Kultur zu suchen, weil die unbewussten Ebenen des Geistes und der Seele auf diese weitaus stärker ansprechen als auf fremde Elemente.
Zum Symbol kann aber auch alles werden, was eng mit der persönlichen Lebensgeschichte eines Menschen verbunden ist. Wer z. B. also ständig dazu neigt, seine Ringe zu verlieren, kann einen Fingerring bei einem Zauber einsetzen, der etwas zum Verschwinden bringen soll.

Analogien

Darüber hinaus aber funktionieren Symbole, weil sie nicht dem logisch-linearen Denken folgen, sondern einer anderen Denkweise entstammen, die dem logischen Schlussfolgern anhand von Ursache und Wirkung entgegengesetzt ist bzw. dieses ergänzt. Die Rede ist hier vom analogen Denken oder dem Wahrnehmen von Ähnlichkeiten.
So symbolisiert in der Magie das Metall Silber den Mond und seine Kräfte, weil beide eine ähnliche, glänzende Farbe aufweisen. Die Verwendung eines silbernen Schmuckstücks weckt Assoziationen in

unserer Seele, die wiederum in der Lage sind, jene Kräfte in uns zu rufen, die uns mit der Macht des Mondes in Verbindung bringen können.

Analoges Denken ist heutzutage für die meisten Menschen recht ungewohnt, und auf den ersten Blick scheinen kaum Verbindungen zwischen den einander zugeordneten Elementen zu bestehen. Doch das hat seinen Grund lediglich darin, dass wir oftmals in dieser Betrachtungsweise der Welt nicht geübt genug sind. Aus diesem Grund finden Sie am Ende dieses Buches eine Reihe von Analogietabellen, die Ihnen dabei helfen können, Ihr Gespür für diese Zusammenhänge zu trainieren.

Bald schon werden Sie dann in der Lage sein, selbst in Ihrer Umgebung vorkommende Analogien zu erkennen, weil Ihnen die Gesetzmäßigkeit des einander Ähnlichen dann vertrauter ist.

Die ältesten und am meisten verwendeten Symbole unserer Kultur sind sämtlich analoger Art. Rose und Erdbeere stehen für die Liebe, weil all diese Elemente als gleichermaßen süß und lieblich empfunden werden. Das Herz findet sich hier, weil es so schön klopft, wenn man sich der begehrten Person gegenübersieht. Gezeichnete Pfeile dienen uns als Richtungsweiser, weil wir wissen, dass ein Pfeil seine Richtung nicht mehr ändert, sobald er einmal vom Bogen abgeschossen wurde. Solange der Pfeil auf dem Verkehrsschild also in dieselbe Richtung zeigt, wissen wir, dass wir unseren Kurs nicht ändern müssen und auch nicht in die Irre geführt werden.

Wir können den Analogien vertrauen, weil sich ihre Ähnlichkeit mit der Situation und die stete, verlässliche Wiederkehr ihrer Bedeutung wieder und wieder erwiesen hat. Es gibt Dinge, die »sind einfach so«, und dass gerade Analogien zu diesen Dingen gehören, weiß unser Unterbewusstsein ganz genau.

Deshalb lässt sich unser Unterbewusstsein auch ohne weiter nachzuhaken oder zu zögern auf den Weg ein, der von einem auf diese Weise gewählten Symbol vorgeschlagen wird – und dieses direkte Handeln nach dem Unterbewusstsein ohne den Umweg über den inneren Zensor unseres Verstandes ist eines der wesentlichen Elemente, die erfolgreiche magische Akte erst möglich machen.

Vielleicht hilft es Ihnen zum Verständnis der hier dargelegten Zusammenhänge, an dieser Stelle jetzt kurz einen Blick auf die bereits erwähnten Analogietabellen am Ende des Buches (siehe Seite 124 ff.) zu werfen, bevor Sie mit dem Lesen fortfahren. Lassen Sie sich dabei aber bitte nicht irritieren, wenn Sie feststellen sollten, dass ich dort Dinge miteinander in Verbindung bringe, die Sie bei anderen Autoren nicht oder anders miteinander verknüpft erlebt haben.

Wir erkennen die Welt mit dem Instrument der persönlichen Erfahrung, die sich bei jedem Menschen ein wenig anders, eben individuell gestaltet. Aus diesem Grund haben auch Sie die Möglichkeit, die von mir oder anderen vorgegebenen Analogien ständig auf ihre Richtigkeit für Sie selbst zu überprüfen und gegebenenfalls zu korrigieren.

Magische Handlanger

Jetzt stellt sich eigentlich nur noch die Frage, wer den Zauber nun ausführt, d. h. wer dafür sorgt, dass jene Pläne, die Sie in aller Deutlichkeit auf der feinstofflichen Ebene hinterlassen haben, in unserer täglichen Welt Gestalt annehmen. Es handelt sich dabei um ein weiteres jener Naturgesetze, die in mehreren Dimensionen zugleich wirksam sind und von unserer Wissenschaft noch nicht als solches erkannt wurden.

In und zwischen den Welten existiert eine kreative Urkraft, die beständig danach drängt, das Chaos zu ordnen und seine Elemente in Form sinnvoller Hierarchien zueinander in Beziehung zu setzen. Offensichtlich ist diese Urkraft intelligenter Natur – wenn sich ihre Intelligenz auch in hohem Maß von der unseren unterscheiden mag –, da sie ihrer Aufgabe mittels eines organisierenden Systems gerecht wird, das so deutlich ist, dass es selbst der Wissenschaft unmöglich scheint, es zu ignorieren.

Deshalb spricht man hier gerne vom »Zufall« oder auch von »Synchronizitäten«, also dem gleichzeitigen Auftreten ursächlich offenbar nicht miteinander verbundener Geschehnisse. Andere, durch die grundlegenden Voraussetzungen ihres Weltbildes nicht auf solche Weise eingebundene Menschen sprechen hier von Göttern, Engeln, Geistern oder Elfen – wobei all diese Begriffe andererseits auch gerne in gänzlich anderem Zusammenhang verwendet werden, weshalb ich die eher neutrale Bezeichnung der kreativen Urkraft vorziehe.

Für den magisch arbeitenden Menschen ist es hier nur wichtig zu wissen, dass diese Kraft ihre Arbeit am besten tut, wenn sie unbeobachtet ist.

Deshalb sollten Sie einen Zauber nach dessen Durchführung so schnell und vollständig wie möglich vergessen, denn wenn Sie ständig darüber nachdenken, ob der Zauber denn wohl wirklich klappen wird, erschaffen Sie eine Art störende Nebenschwingung, die die klare Energie der bereits für Sie arbeitenden Urkraft beeinträchtigt.

Persönliche Voraussetzungen

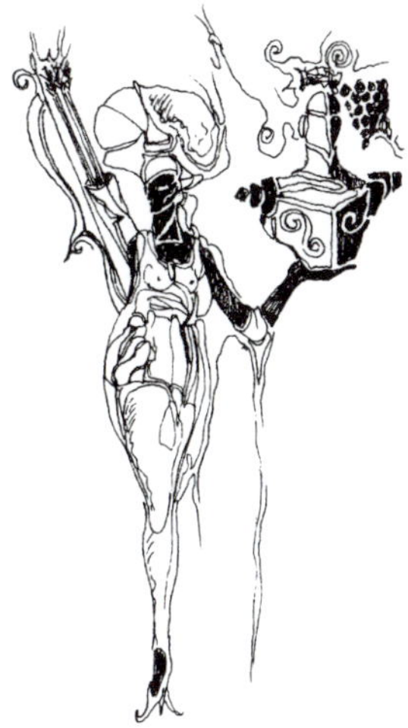

Tue, was du willst und schade niemandem, soll sein das ganze Gesetz der Magie.« Diesen Satz haben Sie vielleicht schon mal gesehen. Klingt gut, nicht wahr? Und so hübsch einfach. Die Realität sieht da allerdings ganz anders aus. Wie alle wirklich genialen Gedanken fasst auch dieser ein hoch kompliziertes Konzept auf schlichte Weise zusammen.

Der wahre Wille

Mit der Aufforderung »Tue, was du willst« sind nicht etwa unsere oberflächlichen Wünsche und Vorstellungen gemeint, sondern das, was wir wirklich in unserem tiefsten Inneren ersehnen.

Ein Beispiel: Ein Mann empfindet sein Leben als gefahrvoll und wünscht sich mehr persönliche Sicherheit. Er denkt nach, was er bräuchte, um sich sicherer zu fühlen, und findet verschiedene Dinge: ein Auto mit Airbags und ABS, eine gute Unfall- sowie eine Zusatz-Krankenversicherung, eine Ergänzung zu der Rente, die er vom Staat einmal zu erhalten hofft, eine Hausalarmanlage und eine Garage, in die er sein Auto stellen kann. Da all diese Dinge eine Menge Geld kosten, sieht er die Lösung seines Problems darin, sich einen neuen Arbeitsplatz zu suchen, an dem er mehr verdient.

Wohlgemut macht er sich also an einen Zauber, der ihm diesen Wunsch erfüllen soll. Er macht den Zauber wirklich gut, konzentriert sich mit all seiner Kraft auf seinen Wunsch und setzt die ganze Macht seiner Sehnsucht nach Sicherheit (die emotionale Ebene) ein. Zwei Wochen später wird er jedoch gefeuert, ein neuer Job ist keineswegs in Sicht, und seine Frau muss wieder arbeiten gehen. Was ist passiert?

Dieser Mann hat den Fehler gemacht, oberflächliche Bedürfnisse mit seinem wahren Willen zu verwechseln. Wir haben eine ganze Menge Wünsche, die nicht aus unserem Inneren entstanden sind, sondern die wir von anderen Menschen übernommen haben. Darunter fallen – vielleicht am offensichtlichsten – z. B. jene Sehnsüchte, die erst durch die Werbung in uns geweckt werden.

In eine andere Kategorie fallen jene Bedürfnisse, die aus dem Zusammenleben in einer Gemeinschaft entstehen. Jede Gruppe – von der Partnerschaft zweier sich liebender Menschen über die Großfamilie bis hin zur Gesellschaft als solcher – stellt bestimmte Anforderungen an ihre Mitglieder und erwartet, dass diese danach streben, diesen Vorgaben so weit wie nur möglich gerecht zu werden. Wer das unabsichtlich oder auch absichtlich nicht tut, wird oft mit dem Entzug von Liebe bzw. Anerkennung bestraft, bis er sich wieder »eingeordnet« hat. Die schlimmste Drohung, mit der wir hier konfrontiert werden können, ist der Ausschluss aus der Gemeinschaft. Der Mensch ist jedoch von wenigen Ausnahmen abgesehen ein Gruppenwesen, und nur wenige fühlen sich als Einsiedler wirklich wohl. Deshalb ist es unser (fast) aller Bestreben, so zu sein, wie man uns haben will. Lob, Anerkennung und Zuwendung belohnen uns, wenn uns dies gelingt, und wiegen uns stetig in der Sicherheit »dazuzugehören«. Also sagen wir »ja«, wenn uns eigentlich nach »nein« zumute ist.

Wir haben es hier also mit mindestens drei Bedürfnisebenen zu tun, und nur die unterste, am tiefsten vergrabene und am schwersten zugängliche stellt das dar, was in magischem Zusammenhang als »wahrer Wille« bezeichnet wird. So wird das ursprüngliche Sehnen nach Liebe, das auf dieser tiefsten Ebene noch rein und klar vorhanden ist, mit dem nächsten Schritt verwässert und in das Bedürfnis nach Anerkennung durch einen bestimmten Menschen oder eine Menschengruppe umgeformt. Daraus wiederum entsteht die dritte und oberflächlichste Ebene, auf der sich dieses Bedürfnis durch den Wunsch ausdrückt zu tun, was der andere erwartet – ob dies im Einzelnen nun unseren eigenen Vorstellungen entspricht oder nicht.

Selbsterkenntnis ist gefragt

Vielleicht wird nun klarer, was dem Mann aus unserem Beispiel widerfahren ist. Tief in seinem Inneren suchte er eine Form von Sicherheit und Geborgenheit, die ihm äußere Veränderungen nicht geben können: Er wünschte sich ein emotionales Netz, ein Gewebe aus zwischenmenschlichen Beziehungen, das ihn auffängt und hält, wenn er zweifelt oder Angst verspürt. Dieses Bedürfnis ist ihm aber in solcher Klarheit nie bewusst geworden, doch war er immerhin bereits in der Lage, die mittlere Ebene wahrzunehmen, auf der sich die Sehnsucht nach Geborgenheit in den Wunsch nach allgemeiner Sicherheit verwandelte. Diesen hat er allerdings genauso, wie er es schon immer gewohnt war, nicht etwa in die Tiefe verfolgt, sondern in die Symbole der oberflächlichen Ebene übersetzt, die sich in diesem Fall als Airbag und Alarmanlage darstellten. Seinen Gefühlen war das jedoch völlig egal, die haben genau das bestellt, was er in seinem tiefsten Inneren tatsächlich wollte. Er wurde arbeitslos und machte die Erfahrung, in dieser Krise nicht allein gelassen zu werden, denn seine Frau reichte nicht die Scheidung ein, sondern sagte »Du, das kriegen wir schon hin!« und suchte sich einen Job.

Deswegen ist Magie gefährlich. Nicht weil sie nicht funktionieren könnte – sie funktioniert immer, das ist ja gerade das Problem. Sie ist es auch nicht, weil man damit anderen schaden könnte. Die Gefahr ist viel größer, dass Sie sich selbst in eine Situation hineinmanövrieren, die Sie so nun eigentlich nicht wollten. Der Mann aus unserem Beispiel hat nun zwar den Rückhalt seiner Familie auf dramatische Weise erfahren, dafür muss er sich aber mit dem Problem herumschlagen, eine neue Stelle zu finden.

Seien Sie gewiss: Es ist nicht möglich, sich durch einen Zauber in eine Situation zu versetzen, die Sie nicht mehr bewältigen können. Es kann aber durchaus sein, dass Sie dadurch gezwungen werden, in puncto persönliches Wachstum einen sehr direkten und recht unbequemen Weg zu gehen, auch wenn Sie einen längeren, dafür aber weniger anstrengenden bevorzugt hätten. Aus diesem Grund ist ein hohes Maß an Selbstehrlichkeit unbedingte Voraussetzung für einen magisch arbeitenden Menschen. Magie ist kein Mittel, um Ihren chaotischen Alltag, Ihre verkorkste finanzielle Situation und Ihr kaputtes Beziehungsleben mittels okkultem Mausklick wieder in Ordnung zu bringen. Anders herum wird ein Schuh daraus: Eine halbwegs stabile Lebensführung stellt eine Voraussetzung für sicheres magisches Arbeiten dar.

Sie sollten sich also ständig mit größter Selbstehrlichkeit fragen, welchen Einfluss Ihre magischen Aktionen auf Sie haben. Ist dieser gut, so machen Sie weiter. Sollten Sie allerdings den Eindruck erlangen, sich auf eine nicht erstrebenswerte Weise zu verändern, ist es wichtig, zu überlegen, was Sie verändern oder ob Sie das Zaubern nicht sogar für eine gewisse Zeit einstellen sollten. Wenn Sie dann in dieser Zeit noch Maßnahmen ergreifen, die Ihnen bei der Stabilisierung Ihrer Persönlichkeit helfen können, sind Sie ein wahrhafter Magier oder eine solche Magierin – das gehört nämlich zu diesem Job dazu. Echte Hexen tun es ohne Scheu und suchen auch immer den Kontakt zu anderen Menschen, die ihnen dabei behilflich sein können, sich selbst angemessen einzuschätzen.

Magie zur Erweiterung des Selbst

Aber es gibt noch einen Grund, warum Sie die Flinte nicht gleich ins Korn werfen müssen, nur weil Sie im Augenblick nicht die Lösung all Ihrer Probleme aus dem Ärmel schütteln können. Die Zauber, die ich Ihnen hier näher bringen möchte, sind nur der Anfang. Sie stellen lediglich Fingerübungen in der alten Kunst dar und sollen es Ihnen ermöglichen, sich soweit in die Materie einzuarbeiten, dass Sie eines Tages in der Lage sein werden, die so genannte hohe Magie auszuüben – die Magie der Erweiterung des eigenen Selbst.

Wenn Ihnen die Systematik des Magischen erst einmal vertraut ist, werden Sie in zunehmendem Maß auf Werkzeuge und Hilfsmittel verzichten können, weil Sie dann direkten Zugriff auf die Ebenen und Energien Ihres Inneren haben. Dann ist es Ihnen möglich, mittels dieser Kräfte nicht nur im Äußeren, sondern auch in Ihnen selbst sinnvolle Veränderungen herbeizuführen. In diesem Augenblick verschmelzen Inneres und Äußeres miteinander, weil Sie zu einem Menschen geworden sind, der seinen tiefsten Bedürfnissen und somit seinem wahren Willen so nahe ist, dass er nur durch die Wahrnehmung seiner selbst seine Umgebung im gewünschten Sinne formt. Kennen Sie Leute, denen offenbar alles gelingt, was immer sie auch anfassen? Genau die meine ich.

Sie haben es verdient!

Solche Glücksmenschen haben aber nicht nur direkten Zugang zu ihrem wahren Willen, sondern verfügen über noch eine weitere Eigenschaft, die es ihnen erst ermöglicht, erfolgreich tätig zu sein: Sie haben kein Problem damit, sich zu nehmen, was sie brauchen. Manche von ihnen beachten dabei sogar die zweite Hälfte des oben genannten Grundsatzes (» ... und schade niemandem«), andere tun es nicht – wenn Sie magisch vorgehen, sollten Sie es im Sinne Ihrer geistigen Gesundheit allerdings tun.

Es hat seinen Grund, dass Leute, die sich provozierend und stolz als Schwarzmagier bezeichnen, auf andere Menschen oft nicht gerade psychisch stabil wirken. (Nur um es gesagt zu haben: Es gibt auch eine Form der schwarzen Magie, die nicht mit Schadenszaubern arbeitet und darin besteht, sich gezielt mit den eigenen verdrängten Seelenanteilen auseinander zu setzen. Deren Anhänger allerdings stellen sich so gut wie nie als Schwarzmagier vor und stellen ihre Aktivitäten auch nicht ins Scheinwerferlicht.)

Viele Menschen haben Schwierigkeiten damit, sich etwas Gutes zu gönnen, weil sie so oft gehört haben, auf irgendeine Weise unzulänglich zu sein, dass sie solche Aussagen für wahr halten und demzufolge meinen, eigentlich kein Glück zu verdienen. Dieser Vorgang läuft in vielen Fällen halb oder gar zur Gänze unbewusst ab und ist deshalb so schwer nachzuvollziehen.

Beobachten Sie Ihre Gedanken ein paar Tage lang aufmerksam. Wie oft werten Sie sich oder Ihre Handlungen innerlich auf eine Weise ab, die als Beleidigung gelten würde, wenn Sie so mit einem anderen Menschen sprächen? Wie oft schimpfen Sie sich Tag für Tag einen Idioten oder einen Trottel, nur weil Sie den Einkaufszettel vergessen oder ein Glas umgestoßen haben? Ein solches Verhalten ist nicht angemessen; es stellt eine Überreaktion dar. Würden Sie Ihren Partner oder einen Arbeitskollegen als »hirnlosen Idioten« bezeichnen, nur weil er kein Papier in den Drucker eingelegt hat, wäre dieser mit Recht verletzt und beleidigt. Genau das tun Sie sich aber immer dann an, wenn Sie sich selbst mit solchen Kommentaren bedenken: Sie beleidigen und verletzen sich selbst. Lernen Sie die Wahrheit über sich selbst kennen; das ist bei positiven Eigenschaften manchmal schwerer als bei negativen. Tun Sie das, indem Sie sofort damit aufhören, Unwahrheiten über sich selbst zu verbreiten, sei dies nun in Ihrem Bekanntenkreis oder in Ihrem eigenen Kopf. Sie sind nun einmal kein Idiot. Ähnlich verhält es sich mit Kommentaren wie »Ich bin ja unfähig« / »Ich kriege heute absolut nichts auf die Reihe«.

Lernen Sie, stattdessen die Wahrheit zu sehen und auch zu formulieren. Wenn Sie die Einkaufsliste zu Hause liegen gelassen haben, sind Sie kein Idiot, sondern schlicht und einfach vergesslich. Zwischen diesen beiden Dingen besteht ein großer Unterschied – an Letzterem lässt sich nämlich etwas ändern. Dieser Satz trifft auch auf die Magie zu: Sie müssen etwas tun, um darin erfolgreich zu sein. Wie schon erwähnt – das mit dem okkulten Mausklick funktioniert nicht. In dem Augenblick, wo Sie sich zugestehen, eine bestimmte Sache oder Situation nicht nur zu wünschen, sondern auch zu verdienen, bringen Sie sich also in die Lage, dafür aktiv werden zu müssen. Hier stellt die Magie ein Werkzeug dar, das es Ihnen ermöglicht, ein wenig leichter und reibungsloser an Ihr Ziel zu gelangen, denn wenn Sie erst einmal so weit gekommen sind, haben Sie den größten Teil der Arbeit bereits erledigt und werden den ausführenden Kräften in Ihnen selbst und im Universum auch nicht mehr allzu sehr im Weg herumstehen.

Die Sache mit der Verantwortung

Ein ausgebildeter Magier ist Meister seines Lebens. Ehrlich, das stimmt! Nur vielleicht nicht so, wie Sie es sich jetzt vorstellen. Seines Lebens Meister zu sein heißt, über innere Unabhängigkeit zu verfügen und nicht von äußeren Einflüssen hilflos hin- und hergeworfen zu werden. Es bedeutet aber auch, seine Fehler, Misserfolge und Unzulänglichkeiten nicht mehr auf andere schieben zu können.

Und auch ein Meister macht Fehler, glauben Sie mir. Der Unterschied zwischen ihm und seinen Gesellen ist nur, dass er sie nicht auf einen anderen schieben kann, der in irgendeiner Weise über ihm steht, Macht über ihn ausübt und damit die Verantwortung für ihn hat. Sein Leben zu meistern bedeutet nicht etwa, von einem strahlenden Erfolg zum nächsten zu hüpfen, ohne jemals in die Fallstricke und Fettnäpfchen unserer täglichen Existenz zu stolpern.

Ein Mensch, der sich und seine Existenz zu meistern versteht, unterscheidet sich von den meisten anderen schlicht und einzig darin, keinen Sündenbock für seine Verfehlungen mehr zu benötigen. Wenn ihm sein Arbeitsplan nicht gefällt, ist es nicht die Schuld seines Chefs, der dem ganzen Büro Überstunden aufgebrummt hat, sondern seine eigene Entscheidung, in einem Beruf zu arbeiten, wo immer dann Akkord geleistet werden muss, wenn ein Projekt auf seine Endphase zugeht. Er beschließt nun entweder, diese Situation zu ändern, indem er den Arbeitsplatz oder das Berufsfeld wechselt, oder stellt fest, dass derartige Veränderungen eine noch größere Beeinträchtigung bedeuten als der momentane Stress, und hört auf, sich zu beschweren. Denn schließlich hat er selbst die Möglichkeiten abgewogen und eine Entscheidung getroffen, mit deren Konsequenzen er leben zu können glaubt.

Umbau der eigenen Persönlichkeitsstruktur

Sie sehen also, dass sich die äußeren Lebensumstände eines selbstverantwortlichen Menschen eventuell gar nicht so sehr von den Ihren unterscheiden. Er wird nur leichter damit fertig, weil er keine Energie damit verschwendet, sich über die miese Situation zu beklagen, und immer weiß, dass er notfalls noch andere Möglichkeiten hat – einfach deswegen, weil er sich nicht ständig einredet, nichts tun zu können, um nichts tun zu müssen. Das macht ihn ungeheuer machtvoll und ganz nebenbei auch ein ganzes Stück glücklicher.

Auch dies stellt übrigens einen Akt der Magie dar, und zwar der hohen Magie, und falls es Ihnen eher wie ein billiger rhetorischer Trick erscheint, kann ich Sie nur dazu auffordern, es einfach mal zu versuchen. Sie werden die Macht über Ihr Leben, die Ihnen aus einer solchen inneren Haltung entsteht, förmlich aus sich herausströmen spüren können.

Aber lassen Sie sich ausreichend Zeit dazu, denn eine derartige Entwicklung bedeutet oft einen tiefgreifenden Umbau der eigenen Persönlichkeitsstruktur; aber diese Persönlichkeitsentwicklung ist es ohne Zweifel wert.

Und noch etwas Wichtiges: So lange Sie nicht wirklich bereit sind, die volle Verantwortung für die Resultate Ihrer Zauber in aller Konsequenz zu übernehmen – seien diese nun erwünscht oder vielleicht auch nicht – wird ein Teil von Ihnen deren erfolgreiche Umsetzung verhindern. Diese Entscheidung ist ausschlaggebend – dann haben Sie durchaus Zeit und Gelegenheit genug zum Üben!

Erste Übung zur Aufladung

Diese folgende Übung ist auch als »Baum« bekannt und dient sowohl der Energieleitung als auch der Erdung.

1 Stellen Sie sich aufrecht, aber entspannt mit etwa hüftbreit voneinander entfernten Füßen hin und spüren Sie dem Boden nach. Vielleicht verlagern Sie Ihr Gewicht ein wenig hin und her, um den Kontakt zu verstärken, bleiben aber dabei immer auf beiden Fußsohlen stehen.

2 Schließen Sie die Augen, atmen Sie einige Male in den Bauch ein und tief wieder aus, und stellen Sie sich vor, wie aus Ihren Füßen dicke, kräftige Wurzeln wachsen, die den Boden durchdringen, bis sie in die Erde eintreten. Dort breiten sich Ihre Wurzeln nun aus und streben immer tiefer hinab, bis sie schließlich zum feurigen Kern der Erde gelangen. Dessen Kraft strömt nun durch die Wurzeln wieder hinauf, eine rotgoldene Energie, die beim Aufstieg eine leicht bräunliche Tönung annimmt und sich abkühlt. Wenn diese Kraft bei Ihren Füßen angekommen ist, fühlt sie sich angenehm warm an und weist eine entspannende Schwere auf. Die Energie steigt nun durch Ihre Beine – wobei Sie feststellen, dass Sie gar keine Beine mehr haben, sondern auf einen prächtigen Stamm hinabblicken. Die Energie durchströmt ihn und breitet sich in Ihrer ausladenden Krone aus, von wo an sie in den Himmel schießt.

3 Während Sie dort stehen und dem rotbraunen Strahl nachsehen, bemerken Sie, dass ein zweiter frischer Energiestrahl vom Himmel herunterfährt. Er ist von bläulichweißer Farbe und dringt dort in Ihre Krone ein, wo die andere Kraft aus Ihnen heraustritt, um denselben Weg durch Ihren Stamm und Ihre Wurzeln zurückzunehmen.

4 Beobachten Sie, wie die beiden Kräfte durch Ihren Baumkörper strömen. Stellen Sie sich vor, dass die Ströme alles aus Ihnen fortschwemmen, was Sie behindern oder Ihnen schaden könnte.

5 Beenden Sie die Übung, wann immer Sie wollen, indem Sie einfach Dank sagen und die Augen wieder öffnen.

Magische Kräfte handhaben

Ihr magisches Werkzeug – Gedanken, Gefühle, Vorstellungskraft und Wille – arbeitet nun aber nicht ganz von allein. Es benötigt ein gewisses Maß an Energie, um Veränderungen herbeizuführen; so wie z. B. ein Schraubenzieher allein noch keine Schrauben aus der Wand holt. Entweder Sie drehen ihn selbst oder lassen gegebenenfalls drehen (die Akkuschrauber-Variante).

Es gibt also zwei grundsätzliche Möglichkeiten: Die eine bezieht Kraft aus Ihnen selbst und die andere aus Ihrer Umgebung. Bei magischen Akten sollten Sie es jedoch tunlichst vermeiden, Ihre eigene Kraft einzusetzen. Die hier benötigten Energiemengen sind relativ groß, was zu einem raschen persönlichen Ausbrennen führen kann, wenn man die falschen »Speicher« anzapft.

Eine gute Energiequelle für die magische Arbeit sind die Kräfte der Natur, allein schon deswegen, weil wir Menschen als Teil der Natur ein automatisches »Wiederaufladesystem« für diese Energieform haben. Schon ein kurzer Waldspaziergang erfrischt und regeneriert unsere Kräfte, und auch bei der magischen Arbeit mit dieser Energie bleibt immer ein wenig davon für unsere sonstigen Alltagsaufgaben in uns zurück.

Die Naturmagie zehrt nicht an unseren Kräften, sondern stärkt sie. Es gibt auch noch weitere, eher abstraktere Kraftquellen wie andere Ebenen, Dimensionen oder gar Wesenheiten. Der Umgang mit diesen ist jedoch weitaus komplizierter und oft auch gefährlicher als der mit Naturenergie, bringt aber deshalb nicht unbedingt mehr, weshalb ich mir erlaube, meine Darstellung hier auf das zu beschränken, was ich für die praktischste Zugangsweise halte.

Stabilisieren Sie Ihre Basis

Üblicherweise lädt sich jemand, der eine magische Handlung ausführen will, zu Beginn seines Rituals erst einmal gründlich auf und sorgt dafür, eine stabile Verbindung zu der von ihm gewählten Energiequelle aufzubauen – eine Art Pipeline sozusagen, durch die ihm ein steter Strom an Arbeitsenergie zufließt.

Sie sollten die Herstellung dieses so genannten »Kanals« eine Zeit lang üben, bevor Sie sich an einen Zauber wagen, denn sonst riskieren Sie ein Erlebnis, das dem Fahren eines Autos mit durchlöcherter Benzinleitung vergleichbar ist: Irgendwann müssen Sie schieben.

Ich möchte Ihnen im Folgenden zwei konkrete Möglichkeiten (siehe erste und zweite Übung Seite 39 und 41) vorstellen, mittels derer Sie die Energie der Natur »anzapfen« und leiten lernen können. Beide Übungen können Sie verändern, wenn Ihnen dies sinnvoll erscheint. Wichtig ist nur, was für Sie funktioniert. Dementsprechend ist es auch gut möglich,

Zweite Übung zur Aufladung

Diese Übung fördert neben der Energieleitung auch die innere Wahrnehmung der Auren von Pflanzen und Gegenständen. Die Aufladungsübung kann sowohl im Stehen als auch im Sitzen oder Liegen ausgeführt werden.

1 Schließen Sie wieder die Augen, und atmen Sie einige Male tief in den Bauch und noch tiefer wieder aus.

2 Achten Sie nun mit allen Sinnen auf Ihre Umgebung. Spüren Sie den Boden? Was gibt es in Ihrer Umgebung zu hören? Streichelt der Wind vielleicht Ihr Gesicht, oder liegt Sonnenschein darauf?

3 Stellen Sie sich anhand dieser Informationen Ihre Umgebung vor Ihrem inneren Auge sehr genau vor, und fügen Sie so viele Details wie irgend möglich hinzu.

4 Betrachten Sie dieses innere Bild für einen Augenblick, und stellen Sie sich dann vor, wie alle Dinge, die Sie da sehen, plötzlich von innen heraus zu leuchten beginnen. Beobachten Sie das Spiel dieser Leuchtenergie, wie es Kreise zieht, kleine Spiralen erschafft, oder was immer Sie da gerade geboten bekommen.

5 Dann heben Sie die Hände und breiten die nach oben weisenden Handflächen vor sich aus. Sie sehen nun, wie die von Ihnen beobachtete Kraft in Ihre Hände hineinströmt, diese umhüllt, den Arm hinaufwandert und weiterzieht, bis Ihr ganzer Körper davon umfangen und durchdrungen wird.

6 Genießen Sie dieses herrlich reine und intensive Gefühl für einen Augenblick, bevor Sie sich abschließend bedanken und die Augen in Ruhe wieder öffnen.

dass Sie andere Farben wahrnehmen als die von mir beschriebenen; auch bei mir ändert sich das immer wieder. Was zuerst vor Ihrem inneren Auge erscheint, ist auf jeden Fall »richtig«.

Von Bedeutung ist, was Sie am Ende des Rituals mit dem Kanal machen, den Sie da aufgebaut haben. Manche Menschen tun gar nichts damit und nehmen ihn einfach mit hinaus ins tägliche Leben, aber dazu rate ich Ihnen nicht. Es kann nicht schaden, wenn Sie zum Abschluss Ihre Aufmerksamkeit nochmals auf jene

Haben Sie Lust auf ein »Wow«-Erlebnis? Dann führen Sie eine oder beide dieser Übungen einige Male in Ihrer Wohnung durch, bevor Sie es erstmals im Freien versuchen. Der Effekt verstärkt sich dann noch. Der Unterschied demonstriert deutlich, welche Kraft in der Natur lebt!

Punkte richten, an welchen die Energie in Sie ein- bzw. ausgetreten ist, und diese deutlich zum Leuchten bringen.

Bei der Baumübung ist dies jeweils die Mitte der Fußsohlen und der höchste Punkt Ihres Kopfes; so aktivieren Sie die dort befindlichen Energiezentren (Chakren), die nun eine Art Filterfunktion einnehmen und dafür sorgen, dass Sie sich weder zu viel noch zu wenig Energie zuführen. Als Abschluss der zweiten Übung ist es sinnvoll, sich eine goldene Energiekugel vorzustellen, die Sie umgibt.

Konzentration

Ein weiterer Punkt, von dem der Erfolg Ihres Zaubers abhängen kann, ist das Maß Ihrer Konzentrationsfähigkeit. Haben Sie schon einmal versucht, einen Brief zu schreiben, während Ihr Partner auf seinem Computer mit eingeschalteten Lautsprechern gerade eifrigst Außerirdische abschießt, Ihr ältester Sohn dem Technowahn frönt und seine kleine Schwester gerade in der Küche die musikalischen Qualitäten des Topfsets erforscht? Prima, dann wissen Sie ja, worauf ich hinaus will. Und nun schicken Sie Ihren Partner mit den beiden Kindern für ein paar Minuten zum Einkaufen, setzen Sie sich hin, atmen Sie tief durch, und genießen Sie die Ruhe.

Kaum, dass der Lärm in Ihrer Umgebung verstummt ist, setzt der in Ihrem Kopf ein. Da tummeln sich Hunderte von Gedanken und hetzt ein Bild das nächste. Die Vorstellungen geben sich die Klinke in die Hand – kaum sind Sie eine los, wird sie schon durch die nächste ersetzt. Da müssen wir Frieden hineinbringen, sonst wird das mit der Magie ebensowenig etwas wie mit dem Brief, den Sie gerade erfolglos zu schreiben versucht haben.

Ich verlange von Ihnen nicht die berühmte »Gedankenleere«, von der immer wieder gesprochen wird und die sich so schwer einzustellen scheint, denn sie findet sich meiner Erfahrung nach nur als Nebenprodukt der Arbeit an sich selbst

Übungen zur Konzentration

Nehmen Sie eine bequeme Haltung ein, warten Sie, bis sich Ihr Atem vertieft hat, und tun Sie eines (nur eines!) der folgenden Dinge:

1 Beobachten Sie Ihren Atem.

2 Lauschen Sie darauf, was Sie alles hören können.

3 Wandern Sie mit Ihrer Aufmerksamkeit in Ihrem Körper herum, und stellen Sie fest, wie sich seine einzelnen Teile gerade anfühlen.

4 Stellen Sie sich einen wunderschönen Bergkristall vor, und betrachten Sie ihn von allen Seiten.

5 Stellen Sie sich vor, Sie wandern durch ein sonnendurchflutetes Bergtal, und betrachten Sie alle Details.

6 Lassen Sie nacheinander alle Buchstaben des Alphabets vor Ihrem inneren Auge erscheinen.

7 Gehen Sie im Geist durch Ihr Haus, und betrachten Sie jeden Raum ganz genau.

Bei all diesen Vorschlägen ist es wichtig, wirklich nur wahrzunehmen und nicht über das nachzudenken, was Sie da sehen, spüren oder hören. Wenn Sie im Moment spüren, dass Ihre Beine warm sind, Ihr Gesäß sich schwer anfühlt und Ihr Rücken schmerzt, und daraufhin denken: »Ist ja auch kein Wunder, bei den schweren Kisten, die ich heute geschleppt habe«, dann senden Sie diesen Gedanken freundlich, aber bestimmt wieder von dannen. Analysen sind jetzt nicht Ihre Aufgabe. Ihr Job hört momentan bei »Rücken schmerzt« auf. Machen Sie sich nichts daraus, wenn Sie ständig Gedanken fortschicken müssen.
Es geht bei dieser Übung nicht darum, möglichst wenig zu denken, sondern den Fluss Ihrer inneren Bilder zu verlangsamen, und das gelingt Ihnen auf diese Weise mit ziemlicher Sicherheit.

und magischer oder meditativer Tätigkeiten ein. Sowie Sie daran denken, an nichts zu denken, haben Sie eine Katze erschaffen, die sich in den Schwanz beißt, und sind bereits zum Scheitern verurteilt. Versuchen Sie es also gar nicht erst. Zu Beginn genügt es durchaus, wenn Sie den Fluss Ihrer Gedanken ein wenig zu beruhigen in der Lage sind. Viele Menschen erreichen diesen Zustand schon mit einigen tiefen und entspannten Atemzügen in den Bauch.

Sie sollten ausprobieren, ob Sie vielleicht dazugehören, bevor Sie die nächsten drei Monate in einer verrenkten Meditationshaltung verbringen und dabei unverständliche Silbenfolgen singen. Falls das nicht oder nicht ausreichend hilft, greifen Sie doch einfach auf die Grundformen der Meditation zurück, d.h., üben Sie, Ihren Geist nur mit einer Sache zu beschäftigen, das aber mit ausschließlichem Charakter.

Gewöhnen Sie sich schon bald an, diese Übungen mit der Vorstellung eines Symbols zu beginnen. Welches Symbol das ist, ist relativ egal, nur wählen Sie bitte keines, das Sie ständig vor Augen haben, wie ein Auto oder eine Tasse.

Wenn Sie dies häufig genug tun, ist es bald nicht mehr nötig, eine ganze Meditation durchzuführen, wenn Sie Ihre Gedanken beruhigen wollen – es genügt dann schon, wenn Sie sich das von Ihnen gewählte Symbol vorstellen. Das verkürzt Rituale ungemein.

Allerdings sollten Sie nicht gänzlich auf die vollständigen Meditationen verzichten, denn erstens funktioniert Ihr Symbol dann irgendwann nicht mehr und zweitens ist die Meditation eine ungemein lohnende Kunst, die Ihr Leben auf erstaunliche Weise bereichern kann.

Den Zweifel bewältigen

Nun gilt es noch einen letzten Feind zu bekämpfen, der sich gerne des beinahe schon erreichten Erfolges Ihrer magischen Aktionen bemächtigt. Zweifel schwächen uns schon im Alltagsleben spürbar; ihr Einfluss auf einen Zauber allerdings ist fatal. Meiner Erfahrung nach hilft dagegen nur ein altes magisches Rezept: Finde den Namen deines Feindes heraus, denn nur dann kannst du ihn vernichten. Das bedeutet in diesem Fall, dass es kein Mittel gibt, das Ihre Zweifel einfach so verschwinden ließe. Sie können sie nur besiegen, indem Sie sich ihnen stellen und herausfinden, woran genau Sie Zweifel hegen und wodurch diese ausgelöst werden. Dabei werden Sie feststellen, dass der Zweifler in Ihnen in 90 Prozent aller Fälle einfach nur Unsinn redet, der meistens unter die Kategorie Selbstbeleidigung fällt.

Begegnen Sie diesem kleinen, grauen Miesepeter geduldig und mit eiskalter Logik, das hilft Ihnen in den meisten Fällen bereits. Zur allgemeinen Verdeutlichung und zu Ihrer persönlichen Erbauung gebe ich Ihnen an dieser Stelle einen meiner eigenen Lieblingsdialoge wieder:

Zweifler: Was bitte soll das denn werden? Ein Kelch, ein Dolch und zwei Halbedelsteine – willst du ein Museum eröffnen, oder hast du mal wieder komische Filme angeschaut?

Ich: Das sind Symbolträger, mit deren Hilfe ich mit meinem Unbewussten kommuniziere.

Zweifler: Mit deinem Unbewussten? Und du glaubst allen Ernstes, das funktioniert? Niemals!

Ich: Ich weiß zumindest eines: nämlich dass du in diesem Fall nicht die geringste Ahnung hast, wovon du redest, denn du stammst aus jenem Teil meiner Persönlichkeit, der von meinem Unbewussten am weitesten entfernt ist – meinem Verstand.

Zweifler: Na, das ist ja allerliebst. Mädchen, du liest die falschen Bücher. Willst du jetzt vielleicht schaurige Hymnen anstimmen und damit dunkle Dämonen beschwören?

Ich: Erstens wirst du mich nie wieder »Mädchen« nennen, denn ich bin eine gestandene Frau. Zweitens kennst du alle meine Bücher und hast dich beim Kauf nicht beschwert – was hast du also jetzt plötzlich dagegen einzuwenden?

Zweifler: (Erinnert sich an einen im Mittelalter spielenden Hexenroman, den wir beide gelesen haben.) Dafür hast du jetzt wahrscheinlich vor, nackt ums Feuer zu tanzen!

Ich: (mit in den Wahnsinn treibender Ruhe) Siehst du hier irgendwo ein Feuer? Nein? Na Prima. Beantwortet das deine Frage?

Zweifler: (Verzweifelt, weil ich kurz vor dem Beschwören der Naturenergie bin.) Na, hör mal, das kann doch alles nicht dein Ernst sein ...

Ich: (Höre nur noch das mentale Rauschen der meinen Körper wohltuend durchströmenden Energie, spüre mit einem Mal, wie ich wachse, dem unendlichen, samtblauen Nachthimmel entgegen.) Oh nächtliche Herrin, Dein Werk ist voller Schöheit!

Für den Umgang mit dem Zweifler gilt also genau dasselbe, was ich bereits im Abschnitt über die Selbstabwertung gesagt habe. Hören Sie seinen Worten zu, und entlarven Sie diese als das, was sie sind: Halbwahrheiten, Lügen und Übertreibungen, die so unverschämt sind, dass sie schon wieder ins Lächerliche umschlagen. Oder glauben Sie allen Ernstes, irgendjemand würde mich in die Psychiatrie einweisen, nur weil ich in einer lauen Frühlingsnacht vor ein paar Meditationsgegenständen Dehnungsübungen gemacht habe? Glauben Sie mir: Sie und ich, wir haben in unserem Leben schon weitaus Verrückteres getan als ein paar kleine Zauber durchzuführen. Wir haben es auch überlebt – und vielleicht sogar eine geradezu diebische Freude daran gehabt ...

Die Wirkung des Zauberspruchs

Zaubersprüche stellen für unsere eher rational ausgerichtete und dem Wort verpflichtete Gesellschaft ein ideales Mittel zur Umsetzung unserer Träume und Ziele dar. Gerade die westliche Kultur neigt dazu, dem geschriebenen Wort mehr Bedeutung zuzumessen und ihm eher zu vertrauen als dem gesprochenen oder gar einer symbolischen Darstellung. In gewisser Weise ist der Zauberspruch ganz auf die Funktionsweise des westlichen Geistes zugeschnitten – wir müssen nur lernen, ihn sinnvoll einzusetzen.

Wille und Wort

Bei Zaubersprüchen handelt es sich um eine sehr anspruchsvolle Art der Magie, für die Sie bestimmte Voraussetzungen mitbringen oder die Sie sich erarbeiten müssen. Denken Sie nur an das bereits erwähnte »Es werde Licht« – wie man in der Bibel nachlesen kann, ward es Licht, denn dieser Satz weist alle Merkmale eines perfekten Zauberspruchs auf. Ein solcher Spruch oder das »Wort der Macht« selbst sind aber alleine wirkungslos, denn beides stellt nur einen Fokus dar, der zwar gut gewählt werden sollte, aber für sich genommen noch keine Magie bewirkt. Deshalb erweist sich die Anwendung alter Formeln aus mehr oder weniger authentisch-antiken Büchern oft als ziemlich enttäuschend. Allerdings gibt es auch hier ein paar Klassiker, die ich im Verlauf des praktischen Teils zitieren werde, weil sie einfach hervorragend geschrieben sind. Um diese traditionell überlieferten Sprüche wirkungsvoll einsetzen zu können, genügt es allerdings nicht, sie in einer Vollmondnacht mit tragender Stimme zu rezitieren; sie müssen darüber hinaus in einen Zusammenhang gebracht werden, der ihre Möglichkeiten erst entfaltet. Und dieser Zusammenhang sind hauptsächlich Sie, der ausführende Magier bzw. die Magierin.

Im Zauberspruch konzentriert sich also die Macht des Magiebetreibenden. Die Worte dienen lediglich dazu, die gesammelte und gebündelte Energie auf ein bestimmtes Ziel loszulassen. Bei der Spruchmagie genügt es nicht, nur an sich selbst zu glauben – Sie müssen ohne jeden Zweifel wissen, wozu Sie in der Lage sind, und um die Ihnen zur Verfügung stehende Macht wissen.

Worin aber besteht nun diese Macht? Es ist Ihr eigener und äußerst starker Wille, ein bestimmtes Ziel zu erreichen. Deshalb geht es bei der Warnung vor Selbstzweifeln auch nicht darum, ob Sie sich eine magische Handlung zutrauen. Vielmehr heißt die zu stellende Frage, ob Sie das Ziel Ihres Zaubers wirklich wollen.

Die im zweiten Teil des Buches wiedergegebenen Sprüche sind nur deshalb über Jahrhunderte hinweg weitergegeben worden, weil sie funktionierten. Das tun sie aus mehreren Gründen: Erstens sind sie für ihren jeweiligen Zweck gut und passend formuliert, womit Sie sich darüber den Kopf nicht mehr zerbrechen müssen. Zweitens wurden sie seit ihrer Entstehung über einen langen Zeitraum hinweg von vielen Menschen eingesetzt und haben damit einen Pfad in die feinstofflichen Ebenen geschaffen, der bequem und relativ hindernisfrei zu dem von Ihnen angestrebten Ziel führt.

Die Zielsetzung Ihres Zaubers

Zunächst einmal gilt es, das Ziel des Zaubers in allen Einzelheiten zu definieren. Nehmen wir an, Sie suchen ein Haus. Wie soll dieses Haus aussehen? Wie groß soll es sein? Wie viele Räume darf es haben? Handelt es sich um einen Neubau oder um ein 300 Jahre altes Fachwerkhaus? Wo soll es sich befinden – auf dem Land oder in der Stadt? In welcher Stadt und in welchem Stadtteil? Was darf es maximal kosten? In welchem Zustand soll es sein? Welche Ausstrahlung soll es haben? Wie stellen Sie sich die Nachbarn vor? Verfügt es über einen Garten oder eine Garage? Wie sieht es mit dem Keller aus? Ab wann soll das Haus für Sie bereitstehen? Vergessen Sie aber nicht: Je unwahrscheinlicher Ihr Wunsch, desto mehr Energie benötigen Sie für seine Realisierung. Natürlich ist es möglich, auf magischem Weg eine 20-Zimmer-Villa für 50.000,– Euro zu erhalten. Aber wenn Sie nicht völlig sicher sind, die dafür notwendige magische Kraft aufwenden zu können, halten Sie sich lieber im Rahmen des Wahrscheinlicheren.

Schreiben Sie all diese Einzelheiten auf, und malen Sie Ihr Traumhaus ruhig daneben, um sich das Ganze dann gut anzusehen und zu überlegen, ob Sie damit wirklich leben wollen.

Wenn es auch nur einen einzigen Punkt geben sollte, der Ihnen nicht behagt, dann sollten Sie ihn ändern, oder Ihr Zauber wird sich im Nichts verflüchtigen. Mit Zaubersprüchen erreichen Sie wirklich nur jene Dinge, hinter denen Sie voll und ganz stehen.

Wenn Sie Ihren Wunsch in die entsprechende Form gebracht haben, können Sie nach Farben, Düften, Symbolen und ähnlichen Dingen suchen, die den Zauber unterstützen bzw. dessen Ziel in bildhafter Form darstellen. Wie bereits erwähnt, ist Spruchmagie eine Magie des Geistes, doch dieser ist allein noch nicht in der Lage, Veränderungen herbeizuführen. Auch hier ist es also notwendig, Elemente zu finden, die Ihr Anliegen in der Sprache des Unbewussten repräsentieren.

Merkmale eines guten Zaubers

Als Nächstes formulieren Sie den Spruch. Je nachdem, welche Funktion ein Zauberspruch hat, kann er unterschiedliche Formen aufweisen. Eine Art des modernen Zauberspruchs ist z. B. die Affirmation, also ein kurzer, klarer Satz, der den erwünschten Zustand so darstellt, als ob er bereits eingetreten wäre. Also nicht: »Ich werde gesund sein«, sondern »Ich bin völlig gesund«.

Das zweite Merkmal eines guten Spruchs ist dessen positive Formulierung. Ihr Gehirn ist zwar in der Lage, so raffinierte Dinge wie eine sprachliche Verneinung zu erkennen, auf Ihr Unbewusstes trifft dies jedoch nicht zu. Wenn Sie den Satz »Ich bin nicht krank« auf die Reise schicken, versteht Ihr Unbewusstes »Ich bin krank« und sorgt genau dafür!

Eine andere Form des Zauberspruchs leitet sich unter anderem aus dem Mantra ab und ist wie dieses für viele Wiederholungen geeignet. Solche Sprüche sind Zwei- bis maximal Vierzeiler, die sich reimen und bestenfalls so rund und flüssig über die Zunge gehen, dass man sie im Lauf des Rituals wieder und wieder sprechen kann, bis sie sich verselbstständigen und Sie gar nicht mehr merken, was Sie da eigentlich vor sich hin murmeln, während Sie Kerzen anzünden, Kräutersäckchen binden oder ähnliche Dinge tun. Ein solcher Spruch ist auch hervorragend geeignet, um die für den Zauber benötigte Energie zu rufen, weil man ihn wie einen Sprechgesang allmählich in Intensität und Lautstärke steigern kann.

Für beide Sprucharten ist es wichtig, sich vor ihrer Konstruktion genau klar zu machen, was man will. Weder ein diffus formulierter Spruch noch einer, der nur einen Oberflächenwunsch, aber nicht das eigentliche, das zugrunde liegende Bedürfnis beschreibt, werden große Erfolge erzielen. Die Arbeit mit Zaubersprüchen bedeutet also immer ein Stück Selbsterfahrung. Es ist notwendig, sich selbst auf ehrliche Weise zu begegnen und die eigenen Wünsche tief zu hinterfragen. Gelingt dies, haben Sie ein machtvolles magisches Instrument zur Hand.

Die Sache mit den überlieferten und nur aus sich selbst heraus wirkenden Zaubersprüchen ist ein Mythos. Es ist wichtig, einen Zauber auf eine völlig für Sie zutreffende Art zu formulieren, bzw. einen traditionellen nur dann wörtlich zu übernehmen, wenn Sie mit dessen Formulierung übereinstimmen.

Natürlich kann ein alter oder von jemand anderem geschriebener Spruch zufälligerweise auch zu Ihnen passen, und wenn Sie dieses Gefühl haben, sollten Sie ihn ruhig verwenden. Gerade bei den Heilzaubern zum Bespiel ist dies oft der Fall, weil das Anliegen – die Gesundung – meist keine großen Definitionsprobleme bietet. Aber haben Sie bitte keine Scheu, das im zweiten Teil des Buches zitierte Spruchmaterial in Ihrem Sinne zu verändern oder gar zu ersetzen, wenn Sie irgendeine Stelle des Zaubers als nicht für Sie stimmig empfinden.

Ausführung des Rituals

Schreiben Sie diesen Zauber nun auf einem hübschen Blatt nieder – Pergament oder Pergamentimitate eignen sich ganz hervorragend dafür – und führen Sie damit Ihr Ritual durch. Bevor Sie jedoch den Spruch anwenden, stellen Sie sich Ihren Wunsch noch einmal in allen Einzelheiten vor. Der Spruch sollte immer knapp und klar formuliert sein. Da er ja nicht zur Beschreibung des magischen Ziels dient, sondern nur die dafür aufgewendete Energie fokussieren soll, muss er keine Details enthalten – diese darzulegen ist Ihre Aufgabe.

Nachdem Sie sich Ihren Wunsch in aller Deutlichkeit vor Augen geführt haben, aktivieren Sie die Macht Ihres Willens. Spüren Sie, wie sehr Sie das, was Sie da vor Ihrem inneren Auge sehen, haben möchten. Begeben Sie sich ganz in diese Vorstellung hinein, und steigern Sie die Stärke Ihres Wunsches danach Stück für Stück – vielleicht indem Sie sich immer wieder sagen »Genau das will ich.« Lassen Sie sich von Ihrem Willen ausfüllen. Spüren Sie die starke Kraft, die entsteht, wenn Sie zu Ihrem Wunsch stehen. Wenn Sie das Gefühl haben, vor Kraft und Bestimmtheit fast zu platzen, schicken Sie diese Energie explosionsartig in das Universum, indem Sie den Zauberspruch aussprechen oder das Blatt, auf dem er steht, verbrennen.

Eine andere Art, diese Energie zu beschwören, besteht darin, den Spruch wieder und wieder vor sich hin zu sagen oder zu singen, während Sie das genaue Bild Ihres Wunsches in der Vorstellung erschaffen. Mit zunehmender Kraft steigert sich auch Ihr Gesang, bis Sie den Spruch schließlich ein letztes Mal bewusst laut und bestimmt aussprechen und ihn auf diese Weise auf die Reise schicken.

Vollständiges Vergessen

Jetzt kommt der einfachste und zugleich schwierigste Teil des Rituals. Bis auf wenige Ausnahmen, die ich im zweiten Teil des Buches einzeln beschreibe, besteht der Schlüssel zum Erfolg eines Zaubers darin, ihn nach der Durchführung möglichst vollständig zu vergessen. Wenn Sie Ihren Spruch auf die Reise geschickt haben, können Sie nichts mehr

tun – jetzt ist eine andere Instanz an der Reihe, die den magischen Brief mit Ihrem Anliegen empfängt, liest und schaut, was sich damit machen lässt.
Diese Instanz arbeitet auf rein feinstofflicher Ebene, also mit Schwingungen, die jenen Ihrer eigenen Gedanken sehr ähnlich sind. Aus diesem Grund kann auch eine dauernde gedankliche Beschäftigung mit dem gerade durchgeführten Zauber diese sensiblen Schwingungsmuster ganz empfindlich stören.
Zu den verschiedenen Mechanismen, die die materielle Umsetzung Ihres magischen Ziels ermöglichen, gehört ganz wesentlich Ihre eigene Person. Das erzauberte Haus wird eben nicht eines Morgens auf wundersame Weise im Stadtpark erscheinen und Ihren Namen auf dem Türschild tragen. Wenn Sie eine neue Unterkunft haben wollen, werden Sie sich auf dem Immobilienmarkt umsehen müssen. Diese Arbeit nimmt Ihnen die Magie nicht ab; sie stellt nur sicher, dass Sie finden werden, was Sie suchen. Während all dieser Aktivitäten nicht ständig an das zu diesem Thema durchgeführte Ritual zu denken, ist keine leichte Aufgabe.
Wie also lässt sich dieses Dilemma lösen? Zunächst einmal hat es sich in der magischen Praxis vieler Menschen bewährt, einen Zeitraum von etwa zwei Wochen zwischen der Durchführung des Rituals und dem Beginn Ihrer Aktivitäten auf der materiellen Ebene verstreichen zu lassen. Zum einen ermöglicht dies dem Universum, eine für Ihr Anliegen geeignete Situation vorzubereiten, und zum anderen können Sie im Verlauf jener Tage etwas Abstand vom Ritual gewinnen.
Wenn Sie dann mit der Suche nach den für die Erfüllung Ihres Wunsches notwendigen Möglichkeiten beginnen, machen Sie sich bei Bedarf einfach klar, dass der dafür ausgeführte Zauber nicht mehr wichtig ist. Das entspricht nämlich der Wahrheit.

Danksagung

Irgendwann ist es dann soweit: Ihr Wunsch hat sich erfüllt. Hier hört für die meisten Menschen leider die Magie auf, und sie wundern sich, wenn es beim nächsten Mal nicht ebenso gut klappt. Den Erfolg eines Zaubers haben Sie verschiedenen Komponenten zu verdanken, die alle miteinander verbunden ein großes Ganzes bilden und Ihren Dank verdienen. Dazu gehören nicht zuletzt auch Ihr Unbewusstes und das so genannte »kindliche Selbst«.
Durch den Akt des Dankes geben Sie diesen Selbstanteilen die wertvolle Rückmeldung »Es hat geklappt, so können wir es auch in Zukunft machen«, und Sie werten Ihre Handlungsfähigkeit und damit Ihr Selbstbewusstsein auf – all dies sind wichtige Schritte auf dem Weg zu einem erfüllten und zufriedenen Leben, sei es nun mit oder ohne Magie.

Wichtige Arbeitsmaterialien

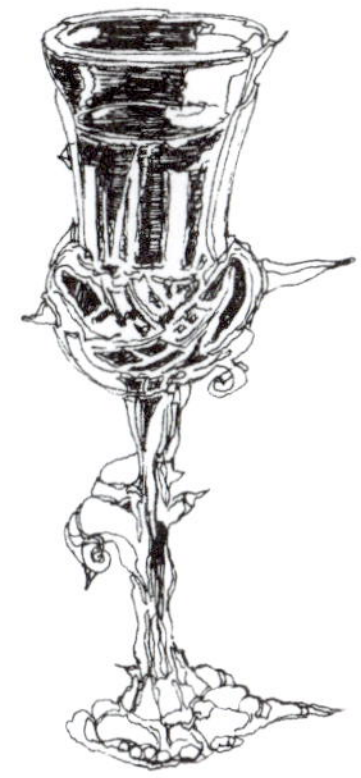

Die meisten magisch arbeitenden Menschen besitzen einen Haufen seltsamer Dinge, die sie mit Vorliebe gleichmäßig auf ihre Rituale verteilen. Bevor Sie jetzt in den nächsten Esoterikladen stürzen, um für teures Geld exotische Dolche, silberne Kelche oder verrückt geformte Kerzen zu erstehen, ist die Frage sinnvoll, ob Sie derartige Dinge überhaupt benötigen. Um das zu entscheiden, müssen Sie wissen, wofür alles eigentlich gut ist und welche Alternativen z. B. zum Silberkelch existieren. Teurer ist nicht gleich besser, und schillernd exotische Gegenstände lenken unter Umständen nur die Aufmerksamkeit ab und berauben Sie auf diese Weise der für einen gut durchgeführten Zauber erforderlichen Konzentration.

Es ist immer gut, etwas zu verwenden, mit dem Sie tiefe und möglichst positive Gefühle verbinden: So mag der alte Tonbecher von der Lieblingstante vielleicht nicht besonders toll aussehen, aber eine Menge schöner Erinnerungen mit sich bringen. Auch das ist eine Form magischer »Ladung«.

Reinigung der Gegenstände

Generell ist es wichtig, die gewählten Gegenstände vor ihrer rituellen Verwendung zu reinigen, wofür man sie am einfachsten über Nacht in ein fließendes Gewässer legt (bitte in einer Stofftasche oder ähnlichem anbinden, sonst ist Ihr Dolch zwar gereinigt, aber auch weg). Eine weitere und auch für nicht wasserfeste Dinge geeignete Variante besteht in der elementaren Reinigung.

Die elementare Reinigung

Nehmen Sie den Gegenstand, und führen Sie ihn durch den Lufthauch des Windes oder durch den Rauch einer Räucherung. Stellen Sie sich dabei vor, wie die Energie des Elementes Luft den Gegenstand durchströmt und reinigt. Dann führen Sie ihn einige Male über eine brennende Kerze hinweg, geben einige Tropfen Wasser darauf und am Schluss ein wenig Salz hinzu. Stellen Sie sich vor, wie die Kraft von Feuer, Wasser bzw. Erde den Gegenstand durchflutet und reinigt. Diese Klärung hat die Qualität einer Segnung und ist auch für Menschen geeignet.

Weihe der magischen Hilfsmittel

Hier haben Sie zwei verschiedene Möglichkeiten. Wenn Sie möchten, können Sie magische Hilfsmittel der ausschließlich rituellen Verwendung weihen. Dies tun Sie, indem Sie es im Anschluss an die Reinigung aussprechen und sich dabei vorstellen, wie die Gegenstände in einem klaren, goldenen Licht erleuchten. Nun sollten Sie einen speziellen Platz dafür finden – am besten einen Altar – und die Dinge für nichts anderes als magische Praktiken gebrauchen sowie nur mit Ihrer ausdrücklichen Erlaubnis von anderen Menschen berühren lassen.

Auf diese Weise schaffen Sie um Ihre Hilfsmittel eine Atmosphäre des Besonderen, Bedeutungsvollen, was Sie automatisch jedes Mal, wenn Sie einen dieser Gegenstände in die Hand nehmen, in eine bewusstere und konzentriertere Stimmung bringt. So steigert sich das Energieniveau Ihrer Zauber von Beginn an, ohne dass Sie (nach der Weihe) viel dafür tun müssten. Darüber hinaus werden auch Ihre magischen Gegenstände auf diese Weise ständig »stärker«, weil sie nicht mit Tätigkeiten oder Materialien in Berührung kommen, die sie entladen können.

Die zweite Möglichkeit besteht darin, auf eine Weihe zu verzichten. Auch das hat gewisse Vorteile: Wenn Ihnen der Becher, mit dem Sie vor ein paar Tagen ein Ritual durchgeführt haben, beim Spülen wieder in die Hände gerät, dann stellt er eine Art Verzauberung des Alltags dar. Wie ein magischer Lichtschein durchbricht er Ihr Normalbewusstsein und gibt Ihnen die Möglichkeit, eine Spur der im Ritual erlebten Spiritualität in Ihr sonstiges Leben hineinzutragen.

Ich empfehle diese Methode jedoch nicht für Einsteiger in den Bereich der Magie,

Wenn Sie zum magischen Gebrauch bestimmte Dinge kaufen müssen, dürfen Sie auf keinen Fall um den Preis feilschen – auch wenn der türkische Händler hinter dem Basarstand mit dem tollen Räucherschalen noch so enttäuscht dreinschaut. Das Geld, mit dem Sie zahlen, stellt ein Dankopfer an das Universum dar, und die Höhe dieses Opfers bestimmt eben dieses und nicht Sie.

Bei den Grundmaterialien für selbst hergestellte Hilfsmittel gilt dasselbe. Gegenstände aus der Natur (wie z. B. Holzstäbe oder Vogelfedern) sollten Sie nur mit einem Dank in Form einer kleinen Gabe nehmen – das kann ein kleiner Halbedelstein, ein Stück Schwarzbrot oder auch ein Gefühl der Wärme und Freude sein. Wunderbar ist alles, was man Ihnen zum Geschenk macht. Auf diese Weise sind viele meiner liebsten und »stärksten« magischen Gegenstände zu mir gekommen.

weil viele Zauber erst dann wirken können, wenn man sie »losgelassen« – also vergessen – hat. Dann kann sich die ständige Gegenwart der dazu verwendeten Gegenstände als ziemlich kontraproduktiv erweisen.

Wichtige Zauberutensilien

Schauen wir uns also die üblichen magischen Hilfsmittel im Einzelnen einmal genauer an.

Kelch

Das Element Wasser und damit die Welt der Intuition sowie der Gefühle symbolisiert der Kelch. Er eignet sich gut, um Eigenschaften aufzunehmen, indem man sie in die darin enthaltene Flüssigkeit projiziert und diese Flüssigkeit dann anschließend trinkt.

Ich weiß, Sie können sich natürlich auch einfach vorstellen, wie die entsprechenden Eigenschaften direkt aus der kosmischen Lichtmaterie in Sie übergehen; aber in manchen Fällen werden Ihre Zauber durchaus erfolgreicher sein, wenn Sie Ihrem »inneren Kind« auch etwas zum Spielen geben.

Als magischer Kelch eignet sich im Endeffekt alles, was dicht genug ist, um Flüssigkeiten zu bewahren – allerdings möchte ich zu bedenken geben, dass ein Weinglas aus Bleikristall auf dem Altar wesentlich hübscher aussieht als ein Plastikeimer.

Dolch

Im Allgemeinen wird der Dolch mit dem Element Luft in Verbindung gebracht. Er symbolisiert die Kraft des Geistes, des rationalen Verstands und der Logik. Er kommt immer dann zum Einsatz, wenn Voraussetzungen geklärt und Dinge geplant oder strukturiert werden müssen, aber auch, wenn Sie etwas beenden wollen. Die Kraft des Verstands wird gern mit der eines scharfen Schwerts verglichen, weshalb viele Hexen neben dem Dolch auch über dieses Werkzeug verfügen.

Der Dolch nimmt im Ritual die analysierende, trennende und auseinander nehmende Funktion unseres Geistes auf symbolische Weise wahr.

Deshalb sollte seine Klinge zumindest scharf genug sein, um einen Apfel durchschneiden zu können.

Eine stumpfe Klinge symbolisiert einen stumpfen Verstand, und der nützt Ihnen herzlich wenig. Was Sie im Ritual tun, soll sich schließlich später im Alltag manifestieren.

Stab

Für das Element Feuer steht der Stab und symbolisiert damit Inspiration, die »feurigen« Gefühle (Wut und leidenschaftliche Liebe), Sexualität sowie Reinigung und die daraus erfolgende Transformation des Selbst (Phönix aus der Asche). Im Ritual dient er oft dazu, Energien zu leiten oder symbolische Handlungen vorzunehmen.

Rechnen Sie nicht damit, dass viel geschieht, wenn Sie mit Ihrem Stab auf den verhassten Kollegen zeigen und »Kröte« murmeln. Sie können aber darüber erstaunt sein, um wie vieles klarer sich z. B. heilende Energie fokussiert, wenn Sie diese mittels des Stabs ausrichten. Ganz nebenbei ist er auch ein Fruchtbarkeitssymbol.

Pentakel

Das so genannte Pentakel ist eine seltsame Angelegenheit. Irgendwann scheint jemand gedacht zu haben, wenn er schon die drei anderen Elemente symbolisiere, müsse er auch das vierte darstellen. Dieses vierte Element ist nun aber die Erde, und die gibt es so gut wie überall auf unserem Planeten – ja, unsere Form der Existenz selbst wird als »erdhaft« oder »erdgebunden« bezeichnet, weil sie sich in materieller Form manifestiert. Wenn nun aber etwas so allgegenwärtig und selbstverständlich ist wie die Erde, führt der Versuch einer symbolischen Darstellung manchmal zu Stilblüten.

Wenn Sie mich fragen, zählt das Pentakel dazu, denn es ist nichts weiter als eine Scheibe aus Ton, Holz, Stein oder auch Papier, auf die man ein Pentagramm (einen Fünfstern) malt, ritzt, schnitzt oder auf eine andere Weise aufbringt.

Das Pentagramm ist ein altes Symbol für das Element Erde, aber darüber hinaus hat es noch eine Vielzahl weiterer Bedeutungen. Woher soll nun Ihr Unbewusstes während des Zaubers wissen, welche davon genau Sie gerade im Sinn haben?

Falls Ihr Altar bzw. der Platz, auf dem Sie Ihre Ritualutensilien ausgebreitet haben, aus Stein besteht, können Sie es einfach dabei belassen. Wenn nicht, suchen Sie sich einen schönen, interessanten Brocken, an dem Sie sich keinen Bruch heben, und legen ihn zu Ihren anderen Gegenständen. Auf diese Weise erhalten Sie ein »Erdungszentrum« in Ihrem Kreis, das Sie immer an die harte Realität erinnern wird.

Altar

Jeder Platz, der immer oder auch nur vorübergehend das Zentrum Ihres Kreises sein kann, eignet sich als Altar. Ob es sich dabei um einen kleinen Findling aus dem Wald oder Ihr Nachtschränkchen handelt, ist relativ unwichtig. Ein Altar hat im Wesentlichen zwei Funktionen: Zum einen stellt man darauf die Utensilien ab, die ein Ritual so erfordert. Zum anderen aber wird er durch eine entsprechende Aufladung (bei ständigen Altären auch Weihe) sowie durch die Arbeit an diesem Platz zu einem Fokus für magische Energien.

Versuchen Sie, Ihren Altar so zu platzieren, dass Sie ihn nicht nach jedem Ritual wieder abbauen müssen. Auf diese Weise erhält Ihr Lebensraum ein meditatives Zentrum, das sich gerade im Alltag als sehr nützlich erweisen kann – und Sie wissen immer, wo Ihr Kelch oder Stab gerade ist, wenn Sie Ihre Utensilien schnell zusammenpacken, um eine Zeremonie im Freien auszuführen.

Über diese bekannten Hauptsymbole für die vier Elemente hinaus gibt es natürlich noch eine ganze Reihe weiterer magischer Hilfsmittel, die den erwünschten Effekt Ihres Rituals ergänzen und verstärken können.

Farben

Seit Jahrtausenden spielen Farben in den mystischen Traditionen der Welt eine große Rolle – wenn auch nicht überall dieselbe. Farbzuordnungen sind kulturell abhängig und nicht universal anzuwenden, weshalb ich Sie bitte, diesbezügliche Entsprechungstabellen (inklusive der in diesem Buch angegebenen Tabellen, siehe Seite 124 ff.) lediglich als überprüfenswerten Vorschlag zu betrachten.

Ein guter Freund von mir trägt ständig schwarz und ist dabei einer der herzlichsten, humorvollsten und lebensbejahendsten Menschen, die ich kenne – er zieht diese Farbe schlichtweg deshalb vor, weil er Automechaniker ist und man die Ölflecken darauf kaum sieht.

Wenn Sie jedoch eine einzelne Farbe für ein bestimmtes magisches Projekt als stimmig empfinden, dann verwenden Sie diese unbedingt, denn schließlich sind Farben nichts anderes als Schwingungen – und diese Schwingungen stellen wiederum das Grundmaterial magischer Akte dar.

Kerzen

Kerzen sind einer der beliebtesten Einsatzorte für Farben, weshalb Sie am besten durchgefärbte verwenden. Sie symbolisieren das Element Feuer, das aufgrund seiner transformierenden Eigenschaften an sich bereits in enger Verbindung zur Magie steht.

Mit der Wahl einer Kerze in einer bestimmten Farbe können Sie also Ihr magisches Zielgebiet »abstecken«. Darüber hinaus sind Kerzen gute »magische Plattformen« – wenn Sie die passende Farbe wählen, ein geeignetes Aromaöl darauf verteilen und Ihren Wunsch dann hineinritzen, haben Sie bereits einen kompletten Zauber vollzogen – vorausgesetzt, Sie vergessen nicht, die Kerze anzuzünden und in Ihrer Abwesenheit vollständig herunterbrennen zu lassen.

Edelsteine

Auch diese sind oft der hemmungslosen Farb-Zuordnungswut esoterisch orientierter Menschen ausgeliefert. Sicher lassen sich Edelsteine auch auf diese Weise einsetzen; sich ausschließlich darauf zu beschränken hieße jedoch, ihr eigentliches Potenzial zu vergeuden.

Gerade für Heilungs- und Selbstfindungsthemen haben sie eine Menge zu bieten, weil ihre Magie von sehr subtiler und komplexer Art ist. Das bedeutet aber andererseits auch, dass man sich nicht innerhalb von fünf Minuten in diese Materie einarbeiten kann.

Ich empfehle Ihnen jedoch, den Einstieg in die Welt der Mineralien und Edelsteine nicht allein auf intuitivem Weg zu versuchen – und sei es nur deswegen, weil Sie nirgendwo mehr Jägerlatein zu hören bekommen als auf einer Mineralienbörse oder gar auf einer Esoterikmesse. Dagegen schützen Sie nur harte Fakten, wie sie z. B. in den Büchern von Michael Gienger gefunden werden können (das »Lexikon der Heilsteine«).

Räucherungen und Aromaöle

Die im Rauch einer Kräutermischung oder im Dampf einer Duftlampe enthaltenen Aromamoleküle haben eine nachweisbare Wirkung auf unser Gehirn sowie unser Zentralnervensystem und können auf diese Weise dabei behilflich sein, einen meditativen bzw. konzentrierten Zustand herzustellen oder auch uns auf ein bestimmtes Thema einzuschwingen. Das kann so weit gehen, dass Sie gar kein Ritual mehr benötigen.

Ich empfehle z. B. gerne Menschen, die nach einem Liebeszauber suchen, zunächst einen Tropfen echtes Rosenöl auf das Kopfkissen ihres Partners zu träufeln. Das kann einem unter Umständen eine Menge Arbeit ersparen.

Allerdings möchte ich auch in aller Deutlichkeit betonen, dass Sie es sowohl bei Räucherungen als auch insbesondere bei Aromaölen mit Wirkstoffen im medizinischen Sinn zu tun haben, also mit etwas, das Ihren Körper auf ganz materielle Weise beeinflusst. Gerade weil diese Dinge wirken, ist ein sorgfältiger Umgang damit angesagt!

Runen

Runen sind weitaus mehr als nur ein Orakel. Die sichtbaren Zeichen, die man oft in Holz-, Stein- oder Tonscheiben geritzt vorfindet, stehen für verschiedene Energien, die sich auch im Ritual einsetzen lassen – falls die Runen dies wollen. Sie können das zu Ihrem Vorhaben passende Zeichen in eine Kerze ritzen, auf das Blatt mit dem Zauber schreiben oder sie mit Ihrer Vorstellungskraft in die Luft »malen« und sie dabei singen.

Wer sich mit den Runen einlässt, muss allerdings damit rechnen, dass die Dinge eine gewisse Eigendynamik erhalten, die zu recht erstaunlichen Ergebnissen führt – unter Umständen nämlich nicht zu dem, was Sie ursprünglich wollten, sondern zu dem, was Sie in Wirklichkeit gerade brauchen. Zielgerichtete Arbeit mit Runen erfordert ein hohes Maß an Selbstehrlichkeit (und Selbstironie).

Weitere Elemente

Vor allem die Natur bietet uns einen großen Schatz an Dingen, die ein Ritual verstärken können. Vogelfedern, Früchte, Samen, Eicheln und ähnliche Gegenstände stehen in analoger Verbindung zu bestimmten Elementen und Themenbereichen, weshalb sie sich vor allem für Kräuterzauber, magische Beutel und ver-

gleichbare magische Praktiken eignen. Im Anhang finden Sie einige dieser Dinge samt ihrer Zuordnung.
Aber auch das Alltagsleben bietet hier hilfreiche Ergänzungen. Was eignet sich z. B. besser, um sich mit ritueller Unterstützung das Rauchen abzugewöhnen, als die letzte Schachtel Zigaretten? Sie werden sich oft in der Situation befinden, dem Thema Ihres Zaubers in symbolischer Form Ausdruck geben zu wollen, und da ist alles recht, was für Sie in enger Verbindung dazu steht – vom Ehering bis zur Medikamentenschachtel.

Blut

... brauchen Sie keines. Nun ja, vielleicht verspüren Sie irgendwann einmal das Bedürfnis, einen Tropfen aus der Spitze Ihres Zeigefingers auf einen Ihrer Ritualgegenstände zu geben, um eine besonders intensive Verbindung damit herzustellen...
Die Verwendung von Tierblut z. B. steigert nur den Grad des eigenen persönlichen Verfalls und nicht den der magischen Energie. Die einzige Form des Blutes, die durchaus eine verstärkende Wirkung in einem Ritual haben kann, ist das Menstruationsblut, weil es vom Körper ohne gewaltsame Einwirkung abgegeben wird.
Noch einmal und ganz deutlich: Die angebliche Zufuhr an magischer Kraft, von der Menschen berichten, die im Ritual Tiere getötet haben, findet lediglich im Kopf des »Magiers« statt und wirkt sich in keiner Weise auf die reale Welt aus.
Die rituellen Tieropfer der Naturvölker sind allerdings etwas anderes; doch da wir in der westlichen Welt unsere tierischen Lebensmittellieferanten meist nicht selbst schlachten, hat auch diese Handlung für uns eine völlig andere Bedeutung bzw. Wirkung und ist deshalb ebenfalls nicht einfach übertragbar.

Schwarze und weiße Magie

Viele Menschen in unserem Kulturkreis scheinen die Welt für eine Art gigantischen Computer zu halten, der getreu dem Vorbild seines kleineren Bruders alle anstehenden Fragen und Probleme mit Hilfe des Ja-Nein-Verfahrens löst. Es gibt immer zwei Möglichkeiten, und wenn die eine zutrifft, dann tut es die andere eben nicht.

Schön wär's, wenn es so einfach wäre. Aber vielleicht ist Ihnen aufgefallen, dass die Spielregeln der Actionfilme nicht auf das wirkliche Leben übertragbar sind. Auf der Kinoleinwand trägt der Schurke fast immer schwarze Kleidung, und man weiß jederzeit ganz genau, wer der Held und wer der Bösewicht ist. In den meisten dieser Filme kann man sich auch darauf verlassen, dass es am Ende schon den Richtigen erwischt – der Schurke zahlt für seine Verbrechen.

Aus irgendeinem Grund haben Filme, die auf einem subtileren Muster als dem Schwarz-Weiß-System beruhen, selten großen Erfolg. Wir wollen keine Dilemmas, wir wollen wenigstens einmal genau wissen, was wir zu tun hätten, wenn wir an der Stelle des Leinwandhelden wären. Dagegen ist an sich nichts einzuwenden. Unpraktisch wird es erst in dem Moment, wo wir versuchen, dieses Prinzip auf den Alltag, auf unser Leben zu übertragen. Das Universum funktioniert nicht so. Es ist vielfältig, fördert ständig und überall die unterschiedlichsten Varianten einer Lösung, um sich schließlich nicht einmal für die erfolgreichste dieser Varianten, sondern für eine Mischung aus allem zu entscheiden.

Das Leben ist komplex, und jeder Versuch, eine Einfachheit im Sinne des Ja-Nein-Musters hineinzubringen, führt nicht zum Erfolg, sondern dazu, in einer Illusion zu leben. Und dann funktionieren Ihre Zauber nicht.

Gefahrenpotenzial

Es existiert keine allgemein gültige Definition der schwarzen Magie, weil das Werkzeug an sich neutral ist. Erst im Einzelfall entscheidet sich, ob das, was Sie da tun, hilfreiche oder hemmende Folgen haben wird – und das werden Sie oft genug erst dann erfahren, wenn Ihr Zauber Wirkung zeigt. Vielleicht haben Sie gar nichts Böses im Sinn gehabt, aber ein paar winzige Details übersehen, die aus Ihrem guten Vorhaben eine raffinierte Falle gemacht haben. Mir fällt da immer das Beispiel der Frau ein, die für ihre an einer Grippe erkrankten Freundin einen Heilzauber durchführte, da diese unbedingt einen wichtigen Termin einhalten wollte. Der Zauber wirkte, aber auf dem Weg zu ihrer Verabredung wurde die Freundin in einen Autounfall verwickelt und landete mit einem gebrochenen Arm im Krankenhaus. War hier schwarze Magie im Spiel? Wohl kaum. Dennoch brachte der erfolgreiche Zauber äußerst negative Folgen mit sich.

Oder stellen Sie sich vor, Sie verfluchen einen ungeliebten Arbeitskollegen, damit ihm alles, was er im Büro anfasst, schief gehen möge. Schließlich wird er gefeuert und bei einer anderen Firma in einer höheren Position und mit einem weitaus besseren Gehalt angestellt. Könnte man in diesem Fall wirklich von schwarzer Magie sprechen?

Ich will damit sagen, dass die eigentliche Gefahr der Magie nicht darin besteht, damit Unfug zu treiben, sondern daran zu glauben, man habe eine besondere Macht zur Verfügung, die einen über das Alltagsgefüge hinaushebt. Ob Sie die in diesem Buch beschriebenen Zauber nun ausführen oder nicht, Sie werden immer ein Teil dieser Welt bleiben und gerade so weit sehen können, wie es Ihrem persönlichen Entwicklungsstand entspricht. Magie macht niemanden zum Genie oder zu einem göttlichen Wesen.

Auch bezüglich der Folgen von schwarzer Magie für den sie Praktizierenden kursieren eine Menge Gerüchte. Angeblich kehrt jeder böse Zauber drei-, wenn nicht gar fünffach zu einem zurück.

Diesem Universum liegt tatsächlich ein ausgleichendes Gesetz zugrunde, doch ist dies nicht so simpel, wie es die obige Formel vermuten ließe.

Schwarze Magie

Einige Menschen gehen so weit, bereits einen Zauber, der ohne Wissen der betreffenden Zielperson ausgeführt wurde, als schwarze Magie zu betrachten – unabhängig davon, ob es sich dabei um einen Fluch oder einen Heilzauber handelt, weil es auf jeden Fall bedeutet, jemanden ohne dessen Wissen zu manipulieren. Das klingt zunächst recht logisch, aber ich möchte gerne sehen, wie die so denkenden Personen eine Manipulation ihrer Mitmenschen überhaupt vermeiden wollen. Wie in dem Abschnitt »Magische Grundprinzipien« (siehe Seite 24 ff.) bereits dargelegt, wirkt sich bereits unsere pure Existenz auf das Leben anderer Menschen aus. Zu behaupten, das sei nur dann schlecht, wenn es in Form eines Zaubers geschieht, würde bedeuten, mit zweierlei Maß zu messen.

Sie sehen also, dass die klassische Definition »Schwarze Magie ist, wenn man anderen damit schadet« durchaus problematische Aspekte hat.

Doch da ist noch etwas, das ich an dieser Definition nicht stimmig finde – sie bezieht sich nur auf »die anderen«. Was ist aber mit Ihnen selbst? Hat der sorgfältige Umgang mit Ihnen selbst keine Bedeutung?

Wenn Sie sich zum Beispiel aus Geldmangel heraus »viele Aufträge« hexen und zwei Monate später aufgrund von Überarbeitung einen Nervenzusammenbruch bekommen, sind Sie vom Ziel der finanziellen Sicherheit weiter entfernt als je zuvor. Meiner Ansicht nach bezieht sich die Verpflichtung, Schaden zu vermeiden, eindeutig nicht nur auf Ihre Umgebung, sondern auch auf Sie selbst.

Aus all dem wird deutlich, dass es keine einfache Antwort auf die Frage der schwarzen Magie gibt, weil unsere Welt nicht so einfach gestrickt ist. Wer meint, die totalen Folgen seines Handelns bis in alle Einzelheiten abschätzen und auch kontrollieren zu können, hebt sich auf eine gottähnliche Ebene und macht sich meiner Ansicht nach damit unglaubwürdig. Wir sind Menschen und als solche immer in das Geflecht der Erscheinungen eingebunden. Wir werden ebenso von Ursache und Wirkung hin- und hergeworfen wie alles andere auch. Angesichts dieses Umstands erscheint mir der Anspruch, genau zu wissen, wann meine Handlungen positive und wann negative Auswirkungen haben werden, ein wenig größenwahnsinnig. Fragen Sie mal einen Chaos-Theoretiker dazu, er wird für die Idee der Kontrolle nicht mehr als ein müdes Lächeln übrig haben.

Einzig weiße Kunst?

Schließlich und endlich bin ich davon überzeugt, dass es »weiße Magie« im Sinn des Wortes gar nicht gibt. Erschaffung und Zerstörung sind keine voneinander unabhängigen Kräfte, sondern begleiten einander stets. Wann immer Sie etwas erschaffen, zerstören Sie zugleich. In dem Augenblick, in dem Sie sich für eine Möglichkeit entscheiden und diese umsetzen, zerstören Sie die anderen Alternativen für Ihre Situation. Wenn Sie aufgrund Ihrer sorgfältigen Vorbereitung und guten Ausbildung einen Arbeitsplatz erhalten, nehmen Sie diesen zugleich einem anderen Menschen weg, der ihn nun nicht mehr bekommen kann. Ein Apfel, den Sie essen, kann von niemand anderem mehr verspeist werden. Es gibt kein Entkommen aus diesem Teufelskreis, denn selbst noch Ihr Tod hat eine Wirkung auf die Umgebung.

Sie haben nur einen Ausweg aus diesem Dilemma: Akzeptieren Sie, dass jeder schöpferische Akt automatisch mit einem zerstörerischen einhergeht. Entscheiden Sie, die Welt so weit als möglich so wahrzunehmen, wie sie wirklich ist.

Und dann betrachten Sie mit wachen Augen Ihre Umgebung. Fällen Sie Entscheidungen nach bestem Wissen und Gewissen, und akzeptieren Sie die Verantwortung für die Folgen Ihres Handelns oder Nichthandelns. Mehr kann niemand von Ihnen verlangen, weil mehr nicht möglich ist. Doch wird Ihre Fähigkeit, die Welt wahrzunehmen und die Konsequenzen Ihres Tuns abzuschätzen, auf diese Weise ständig wachsen.

Die Angehörigen einer bestimmten naturmagischen Tradition, des Wicca, pflegen zu diesem Thema auf einen alten Satz zu verweisen: »Tue, was du willst, und schade niemandem.« Im Sinne des eben Gesagten empfinde ich diese Aussage nicht als sehr hilfreich, doch hat mich die Auseinandersetzung damit zu einem anderen Satz geführt, der mir persönlich nicht nur in magischem Kontext, sondern auch bezogen auf all meine täglichen Handlungen mehr Unterstützung bietet: »Meine Freiheit endet dort, wo die des anderen beginnt.« Und ebenso endet die des anderen, wo meine beginnt. Auf diese Weise versuche ich, so viel meines Selbst, meiner Wünsche, Sehnsüchte und Bedürfnisse umzusetzen, wie bei gleichzeitigem Respekt für die Bedürfnisse der mich umgebenden Menschen irgend möglich ist. Diese Grenze ist fließend und muss stets aufs Neue von mir gezogen werden. Dafür gibt es kein Programm, keine Richtlinie und keine allgemeingültige Vorgabe, die mir in jeder einzelnen Situation die Entscheidung, wie weit ich gehen will, abnehmen können. Ich muss mich Mal für Mal erneut den wahrscheinlichen wie auch danach real eintretenden Konsequenzen meines Tuns stellen. Dieser Weg ist zwar oft sehr unbequem, hat sich aber in Bezug auf das Thema dieses Kapitels als der effektivste herausgestellt.

Und vergessen Sie eines nicht: Wer die Verantwortung für die Folgen seines Handelns übernimmt, erhält damit nicht nur eine Bürde, sondern auch eine große Freiheit. Von dem Augenblick an, wo ich die Ereignisse des Alltags als die Ergebnisse meiner eigenen Entscheidungen zu begreifen lerne, habe ich nicht nur die Last zu tragen, meine jewilige Lebenssituation selbst verursacht zu haben, sondern auch die Macht, es jederzeit in einer mir genehmen Form ändern zu können. Von der Sekunde an, in der Sie aufhören, die Welt außerhalb von Ihnen für Ihr Leben verantwortlich zu machen, erhalten Sie genau jene Macht, die Sie den anderen damit über Sie zugesprochen haben, zurück. Machen Sie was daraus. Das ist wahre Magie!

TEIL II

ZAUBERRITUALE
FÜR DEN ALLTAG

ZAUBER-
RITUALE

Der grundlegende Aufbau

Jedes der folgenden Zauberrituale folgt einem Grundmuster, das ich hier kurz darlegen möchte. Diese Form ist ziemlich alt und hat sich gut bewährt, weshalb ich Ihnen rate, sich zumindest zu Beginn eng daran zu halten. Warum dies wichtig ist, werde ich bei den einzelnen Punkten erläutern.

Hinsichtlich der Wahl des Ortes für Ihr Ritual gilt: Da sich die hier wiedergegebenen Rituale aus einer naturmagischen Tradition herleiten, funktionieren sie am besten im Freien. Führen Sie das Experiment ruhig einmal aus, und vergleichen Sie einen im Haus ausgeführten Zauber mit einem, den Sie unter freiem Himmel am Fuße eines mächtigen alten Baums vollzogen haben – der Unterschied ist bereits während der Zeremonie selbst deutlich spürbar. Dennoch wirken diese Zauber auch, wenn sie im Wohnzimmer ausgeführt werden.

Doch ist es in diesem speziellen Fall Ihre Aufgabe, die fehlende natürliche Energie durch eine umso stärkere emotionale sowie Konzentrations- und Willenskraft zu ersetzen.

Den Kreis ziehen

Zu Beginn eines jeden Rituals grenzen Sie den dafür gewählten Ort ab, indem Sie einen Kreis ziehen. Auf diese Weise treten Sie in den »Raum zwischen den Welten« ein und sind damit jener anderen Ebene, in der Sie ein Ereignis initiieren möchten, schon ein ganzes Stück näher. Außerdem schaffen Sie eine Art Gefäß, das die von Ihnen gerufene magische Energie wie ein guter irdener Krug bewahrt und so verhindert, dass Ihre Kraft wirkungslos versickert.

Schließlich bietet ein systematisch aufgebauter Kreis Schutz vor Energien oder Wesenheiten, die Sie während einer magischen Handlung wahrhaftig nicht gebrauchen können.

Wenn ein Zauber funktionieren soll, müssen Sie bei seiner Durchführung in einem offenen und energetisch fließenden Zustand sein, wofür vorübergehend eine Reihe von psychischen Barrieren aufgegeben werden, die Sie im Alltag benötigen. Diese Funktion übernimmt der Kreis.

Der Kreis muss nicht groß sein – gerade so, dass Sie sich mitsamt Ihren Ritualutensilien bequem darin bewegen können. Sie ziehen ihn, indem Sie den Stab, den Dolch oder auch einfach Ihre Hand auf die vorgestellte Kreislinie richten und imaginieren, wie aus der Erde aufsteigende Energie durch Sie hindurchfließt und sich durch das Werkzeug in der Hand in die Linie ergießt. Dort erhebt sich nun eine Energiewand, die Sie im Uhrzeigersinn Stück für Stück verlängern, bis Sie wieder am Ausgangsort angekommen sind. Ein einmal gezogener Kreis sollte bis zu seiner Öffnung am Ende des Rituals nicht überschritten werden.

Kleine Kinder und Haustiere brechen den Kreis allerdings nicht, denn sie sind »rein« und damit von derselben Struktur wie der Kreis.

Erdung

Sie haben im Lauf des Rituals eine Menge vor: Sie werden eventuell magische oder gar göttliche Wesen rufen, einen Einblick in das Gewebe des Universums wie auch Ihres Selbst erhalten, die Welt ein wenig verändern oder doch zumindest eine solche Veränderung in Bewegung setzen. Das kann einem ganz schön zu Kopf steigen, und Größenwahn ist die beste Möglichkeit, jede Form der Magie zum Scheitern zu verurteilen.

Außerdem nützt Ihnen der beste Zauber gar nichts, wenn Sie nicht in der materiellen Wirklichkeit verankert sind – denn da müssen Sie die erzauberten Möglichkeiten umsetzen. Deshalb besteht der zweite Punkt jeder magischen Handlung in einer sauberen Erdung des Praktizierenden. Die Baumerdung (siehe Seite 39) ist dafür sehr gut geeignet.

Anrufung

Falls Sie beschlossen haben, für die Durchführung des Rituals die Hilfe einer magischen Wesenheit in Anspruch zu nehmen, ist dies der geeignete Zeitpunkt, um deren Anwesenheit zu erbitten. Ich persönlich führe kein Ritual ohne die vier Elemente aus, aber Sie können durchaus andere Vorlieben haben.

Eine Anrufung gestaltet sich wie ein inniges Gebet. Sie können flüstern, rufen, singen oder was Ihnen sonst geeignet erscheint – sorgen Sie nur dafür, dass es niemand mitbekommt, der nicht von der Kraft der Magie überzeugt ist. Hämische Kommentare sind nicht dazu geeignet, Ihre Konzentration zu verstärken.

Der Zauber

An dieser Stelle führen Sie jene Dinge aus, die ich unter den einzelnen Zaubern beschreiben werde – oder die Sie selbst zusammengestellt haben.

Ein Wort noch vorweg: Wie bereits erwähnt, sind viele der hier wiedergegebenen Zauber einem christlichen Umfeld zuzuordnen. Aus historischen Gründen habe ich diese Form beibehalten, beabsichtige jedoch nicht, die Tatsache zu ignorieren, dass ein großer Teil der im deutschen Sprachraum lebenden Menschen nicht dieser Religion angehört. Bitte nehmen Sie sich in diesem Fall die Freiheit, alle angegebenen Namen, Gottheiten und Gebetsformeln durch Ihnen vertrautere zu ersetzen. Die Zaubersprüche wirken auch dann; wichtig ist nur, den Zauber mit einer von Ihnen als machtvoll erkannten Wesenheit in Verbindung zu bringen. Viele der Sprüche in diesem Buch sind ohnehin weitaus älter als das Christentum und von diesem ebenfalls irgendwann einmal adaptiert worden, was Sie z. B. an der häufigen Verwendung der Zahl Neun erkennen können, deren magische Bedeutung ihren Ursprung in germanischen und skandinavischen vorchristlichen Religionsformen hat.

Verabschiedung

Wenn Sie alle zur Durchführung des Zaubers notwendigen Handlungen vollzogen haben, wenden Sie sich an die von Ihnen gerufenen Wesenheiten, danken diesen für ihre Gegenwart und verabschieden sich von ihnen. Im Gegensatz zu bestimmten Formen der klassischen Zeremonialmagie »befiehlt« ein Mensch, der Naturmagie praktiziert, diesen Wesenheiten nicht, sondern bittet sie. (Böse Zungen behaupten, wir Hexen hätten es nicht nötig zu befehlen, weil unsere Götter und Geistwesen uns freiwillig zuhören.) Dementsprechend ist es ein Akt der Höflichkeit, dem Gegenüber mitzuteilen, wann seine Aufmerksamkeit nicht mehr benötigt wird und sich für die Mühe zu bedanken. Wer möchte, kann hier auch um einen Segen bitten.

Den Kreis öffnen

Bevor Sie den Kreis wieder öffnen, »versiegeln« Sie sich selbst und schaffen damit für sich jenen Schutz, den bisher der Kreis übernommen hat. Stellen Sie sich vor, von einer Hülle aus goldenem Licht umgeben zu sein, die alle schädlichen Einflüsse von Ihnen fern hält. Diese Übung sollten Sie ruhig auch außerhalb des Rituals immer wieder durchführen, weil sie Sie schützt und eine positive Wirkung auf Ihren Energiehaushalt hat.
Danach vollziehen Sie die Bewegung, mit der Sie den Kreis aufgebaut haben, in umgekehrter Richtung (also gegen den Uhrzeigersinn) noch einmal nach und stellen sich dabei vor, wie die Energie wieder in die Erde zurückkehrt.

Die Überbleibsel Ihrer magischen Aktivitäten, also die Stummel heruntergebrannter Kerzen, Kräuter und ähnliche Utensilien, sollten nach der Durchführung des Zaubers in ein fließendes Gewässer geworfen werden. Sorgen Sie dafür, dass die Dinge, die Sie für Ihre Rituale verwenden, biologisch abbaubar sind.

Für Liebe und Partnerschaft

Eines gleich vorweg: Sie werden hier keinen Zauber finden, mit dem Sie die Liebe eines anderen Menschen erzwingen. Niemand wird sich aufgrund eines Zaubers in Sie verlieben – das kann unter Umständen nur als Nebenprodukt abfallen, aber es ist nicht direkt ansteuerbar. Es ist möglich, einen Menschen an sich zu binden, egal, was dieser fühlt, aber deswegen wird er Sie noch lange nicht lieben. Und die daraus entstehende Situation ist für beide Seiten meist sehr grausam. Zur Erläuterung folgt das Fragment eines römischen Liebeszaubers, der in Hadrumentum (Nordafrika) in Fragmenten gefunden wurde:

»... so dass Vettia, Tochter der Optata, mich nicht verachten kann, sondern dass sie alles tut, was ich ersehne, und mit eurem [der Götter] Beistand vor Liebe zu mir nicht schlafen und keinen Bissen essen kann. Möge Vettia, Tochter der Optata, Gefühl, Klugheit, Verstand und Willen verlieren, so dass sie von diesem Tag, von dieser Stunde an mich, Felix, Sohn der Fructa, liebt, so dass sie aus Liebe zu mir, Felix, Sohn der Fructa, ihren Vater, ihre Mutter, ihre Verwandten und alle ihre Freunde und andere Männer vergisst; möge Vettia, Tochter der Optata, nur mich im Kopf haben ...«

Dies ist ein treffendes Beispiel für das Muster, nach dem fast alle antiken und auch die mittelalterlichen Liebeszauber gestrickt sind.

Es steht jedoch in Ihrer Macht, für den anderen so anziehend zu werden, dass er eventuell Liebesgefühle für Sie entwickelt – oder auch eine im Grunde vorhandene Liebe von jenen Dingen zu befreien, die sie im Augenblick überlagern mögen. Und wenn Sie beim Gegenüber auf gar keine Resonanz stoßen sollten, haben Sie immer noch die Möglichkeit, sich auf magischem Weg von Ihrer Fixierung auf diese Person zu lösen, um so für andere Menschen und mögliche Liebeserlebnisse frei zu werden. Zu diesem Zweck greife ich hier auf die wenigen positiv formulierten Zaubersprüche des Mittelalters zurück, die ich finden konnte. Wo mir dies nicht gelungen ist, habe ich nach dem Beispiel historischer Geschichtenzauberer Rituale erschaffen, die keine bewusste Schadensmagie darstellen.

Unwiderstehlich werden

Das benötigen Sie für Ihren Zauber:

3 Eicheln

1 Baum (idealerweise eine Eiche)

Sonnenlicht

Dieser Zauber ist nicht nur im Hinblick auf die Partnersuche, sondern auch immer dann, wenn Sie öffentlich auftreten müssen oder ein Bewerbungsgespräch haben, recht hilfreich, denn er beruht auf einer vorübergehenden Erhöhung des eigenen Charismas.

So vollziehen Sie den Zauber:

Nehmen Sie die drei Eicheln in die Hand, und meditieren Sie an einem Baum zu »Stärke« und »Ausstrahlung«.
Stellen Sie sich dann unter dem Baum ins Sonnenlicht, recken Sie diesem die Hände entgegen und lassen Sie die Strahlen der Sonne in sich hineinfließen, bis sie Ihr ganzes Selbst erfüllen.
Stellen Sie sich vor, wie Sie selbst zu strahlen beginnen, und lassen Sie die aufgebaute Energie in die Eicheln in Ihrer Hand fließen.
Stecken Sie die drei Eicheln nun in Ihre Tasche oder in ein kleines Säckchen. Bevor Sie den Ort betreten, an dem Sie Ihre Rede halten, der anvisierten Person begegnen oder was auch immer Ihr Ziel ist, nehmen Sie die Eicheln für einen Augenblick in die Hand und stellen sich dabei vor, wie sich die unter der Eiche erlebte Kraft erneut in Ihnen aufbaut. Sagen Sie dazu den oben stehenden Zauberspruch.

Wie die Eiche zieht alle Blicke an,
Niemand die Augen von mir lösen kann.

Deshalb sollte Ihnen spätestens am Morgen danach etwas eingefallen sein, mit dem Sie diese Wirkung ersetzen können. Mit ein bisschen Selbstwertgefühl sollte dies allerdings kein Problem sein. Die folgende Magie basiert auf einem alten französischen Zauberspruch für Männer.

In Liebesdingen rate ich bei Frauen eher zur Verwendung von Weiden-, Birken- oder Lindensamen. Wenn Sie aber diesen Zauber als Frau z. B. für einen Geschäftsauftritt verwenden wollen, sollten Sie ebenfalls auf die Eiche zurückgreifen.

Den zukünftigen Partner im Traum sehen

Das benötigen Sie für Ihren Zauber:

1 Hand Haferkörner und Leinsamen

Ich empfinde es sinnvoll, im Schlaf die Identität meines mir bestimmten Partners zu ermitteln.

So vollziehen Sie den Zauber:

Legen Sie am Abend des Andreastags (30. November) eine Hand Haferkörner und Leinsamen unter Ihr Kopfkissen, und sagen Sie den folgenden Spruch:

Hafer und Lein, ich säe dich,
Heil'ger Andreas, ich flehe dich,
Lass mir im Traum erschein'n
Den Liebsten mein, wie er geht,
Wie er steht, was er im Herzen trägt!

Wer bei diesem Zauber auf einen Bezug zum heiligen Andreas verzichten möchte, der kann auch seinen Namen durch einen anderen Heiligen ersetzen oder es einfach mit dem folgenden Zauberspruch versuchen:

Ich säe Hafer und Lein!
Wer mein Geliebter soll sein,
Komme im Traum
Und erschein:
Wie er geht
Und wie er steht,
Wie er auf der Gasse geht!

Diese beiden Zaubersprüche können natürlich auch ebenso verwendet werden, um im Traum die Gestalt einer Frau zu sehen. Ersetzen Sie für diesen Fall einfach die entsprechenden Worte.

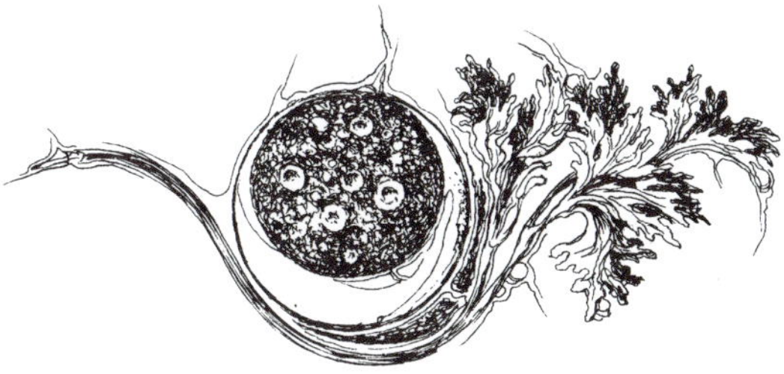

Einen Partner anziehen

Das benötigen Sie für Ihren Zauber:

1 rote Kerze

etwas Rosen- oder Jasminöl

1 Malachit
(wahlweise auch Jade oder Rosenquarz)

1 Säckchen

Holde Freya, sieh mich hier ganz allein –
Bitte lass die Liebe in mein Leben ein!

Die Grundlage dieses Zaubers besteht darin, dem Universum mitzuteilen, dass Sie für eine Beziehung bereit sind und eine solche wirklich eingehen möchten. Es hat keinen Sinn, ihn durchzuführen, wenn sich in Ihnen etwas gegen eine Partnerschaft sperrt.

So vollziehen Sie den Zauber:

Reiben Sie die Kerze mit Rosen-, Jasmin- oder einem anderen mit der Liebe in Verbindung stehenden Öl ein. Nehmen Sie einen Malachit oder ein Stück Jade oder einen Rosenquarz in die Hand, setzen Sie sich vor die brennende Kerze, und imaginieren Sie sich selbst so detailliert wie möglich in einer Liebesbeziehung. Wie genau stellen Sie sich das vor? Welche Situationen springen Ihnen sofort vors »innere Auge«, bei welchen dauert es länger? Wie fühlen Sie sich dabei? Gibt es Punkte, die Sie lieber übergehen würden oder die sich unangenehm anfühlen? Wenn ja, warum, und was können Sie dagegen tun? Führen Sie diese Meditation so lange bzw. so oft aus, bis die Kerze heruntergebrannt ist. Dann erheben Sie sich, stellen beide Füße fest auf die Erde und rufen eine Liebesgottheit an, die Ihnen angenehm ist. Teilen Sie der Gottheit mit, dass Sie bereit für eine neue Liebe sind und diese jetzt in Ihr Leben lassen wollen. Das kann etwa wie der oben abgedruckte Spruch klingen. Tragen Sie den Stein in einem Säckchen, um den Hals oder in der Hosentasche so lange bei sich, bis die Liebe in Ihr Leben eingekehrt ist. Das tut sie am schnellsten, wenn Sie selbst aktiv werden – Gleiches zieht Gleiches an.

Eine lustvolle Atmosphäre herbeizaubern

Das benötigen Sie für Ihren Zauber:

Musik

rote und grüne Kerzen

etwas Zimtöl
(wahlweise auch Vanille-, Rosen- oder Moschusöl)

Was ist Lust? Wenn Sie mich fragen, ein Fest. Wenn das spirituelle Gefühl der Liebe in Kontakt mit der Erde gerät, entsteht daraus ein äußerst irdisches, wunderbares und zutiefst genussvolles Erleben.

So vollziehen Sie den Zauber:

Für dieses Ritual benötigen Sie keinen Kreis – denn Liebe und die Freude am Leben zählen zu den stärksten magischen Schutzzaubern, die es gibt. Führen Sie jede der folgenden Handlungen mit viel Freude, Liebe und Lust aus. Legen Sie eine heiße Musik auf, »swingen« Sie dabei durch die Wohnung, singen Sie mit, oder tun Sie, was sonst noch Ihre Lebensfreude anregt. Zünden Sie die Kerzen an, die Sie zuvor mit Zimt-, Vanille-, Rosen- oder Moschusöl eingerieben haben (es hindert Sie niemand daran, mehr als ein Öl zu verwenden!) und verteilen Sie diese in der Wohnung. Nehmen Sie das Fläschchen mit Ihrem Lieblingsöl in die Hände, rufen Sie eine Liebesgottheit – Venus eignet sich hier hervorragend – und bitten Sie diese, das Öl der lustvollen Liebe zu weihen. Spüren Sie nun, wie das Glas in Ihren Händen etwas wärmer wird; heben Sie es ein wenig an, und sprechen Sie den unten stehenden, aus Amerika stammenden Zauberspruch.
Stellen Sie sich vor, wie ein rotgoldener Energiestrom von Ihren Händen auf die Dinge übergeht. An den strategisch besonders wichtigen Punkten lassen Sie einen Tropfen des Aromaöls fallen. Vergessen Sie auch nicht sich selbst.

Light the flame,
Bright the fire,
Red is the colour
Of desire.

Entzünde die Flamme,
Hell leuchte das Feuer,
Denn Rot ist die Farbe
Meines Begehrens.

Einen Wunschpartner auf sich aufmerksam machen

Das benötigen Sie für Ihren Zauber:

etwas frischen Thymian

ein paar Weidenblätter

ein paar frische Rosenblätter

1 Gefäß Ihrer Wahl

Da spielen Sie seit drei Wochen wie eine Irre Tennis, obwohl Sie vorher nur gelegentlich zum Schläger gegriffen haben, weil der Neuzugang im Klub einfach hinreißend ist – ja nahezu vollkommen, bis auf eine winzige Kleinigkeit: Er lässt Sie links liegen. Nun, falls der adrette Nachwuchs-Björn-Borg auch nur den Hauch eines Gefühls für Sie hegt, lässt sich das ändern. Sollten Sie ihm allerdings wirklich egal sein, versuchen Sie es lieber mit dem vorherigen Zauber. Ich vermute allerdings, dass Sie das erst nach der Ausführung dieses Rituals wissen werden. Es hebt sozusagen die Schleier zwischen Ihnen beiden und veranlasst Sie dazu, sich gegenseitig wahrzunehmen. Der Rest ist dann Ihre Sache.

So vollziehen Sie den Zauber:

Mischen Sie Thymian (macht Mut), Weidenblätter (klären die Gefühle) und Rosenblätter (ziehen Liebe an) miteinander. Geben Sie das Gemisch in ein Gefäß, und laden Sie das Ganze mit der Kraft Ihrer Sehnsucht (wenn bereits vorhanden, dann macht sich auch Liebe nicht schlecht) sowie mit der Vorstellung, wie der anvisierte Mensch mit geschlossenen Augen vor Sie tritt, dann plötzlich die Augen öffnet und Sie wahrnimmt.

So wie Paris der Helena nicht widerstehen konnte,
So möge auch N. N. sich mir zuwenden,
Wenn er das nächste Mal die Augen auf mich legt.
Möge sich der Segen Aphrodites über
N. N. und mich ergießen.

Jetzt kommt der knifflige Teil: Sie müssen der Zielperson das Zeug zwar nicht unbedingt einflößen, sollten die Pflanzenteile aber doch zumindest so verstreuen, dass die Person darauf einige Schritte macht – und zwar als erster Mensch, nachdem Sie das Gemisch verteilt haben. Wer danach noch darauf herummarschiert, ist nicht von Bedeutung. Machen Sie sich aber keine Sorgen – Sie werden sich keine nächtlichen Sonette anhören müssen, auch wenn als Erster der Nachbarkater beschlossen hat, sein Glück zu versuchen. Wenn Sie die Mischung verteilen, können Sie den Spruch von der linken Buchseite rezitieren.

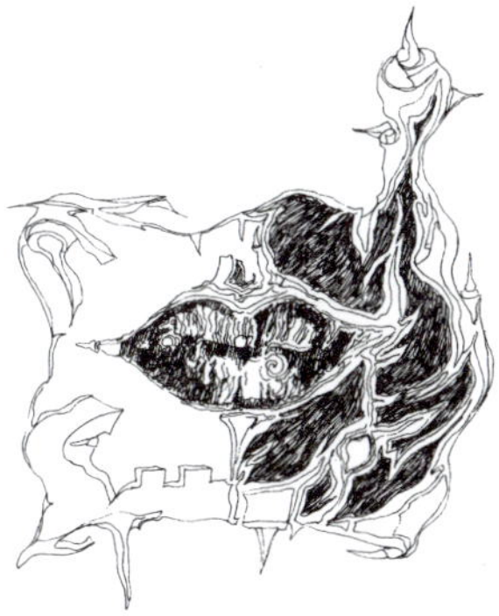

Nachfolgend habe ich an dieser Stelle noch einen äußerst wirksamen Zigeunerzauber für Sie, damit der Wunschpartner Sie auch ganz bestimmt wahrnimmt. Nehmen Sie aus den Fußspuren des begehrten Menschen ein wenig Erde, vergraben Sie diese unter einem Weidenbaum, und sagen Sie dazu die folgenden Worte:

Viel Erde gibt es auf der Erde,
Mein soll er sein, den ich liebe,
Wachse, wachse, Weidenbaum!
Kein Leiden lass nun zu mir kommen!
Er sei die Axt, ich der Griff,
Er sei der Hahn, ich die Henne.
Dies, dies sei, wie ich es will!

Stabilisierung einer Beziehung

Das benötigen Sie für Ihren Zauber:

2 gefärbte Kerzen

etwas Zimtöl (wahlweise auch Eukalyptus- oder Lavendelöl)

1 rote Kerze

1 grüne Kerze

1 Räuchergefäß und -kohle

1 Kelch

etwas Rotwein oder Traubensaft

5 verschiedene Schalen

etwas getrockneten Thymian

etwas getrocknete Rosenblätter

etwas getrocknete Myrrhe

etwas getrockneten Lorbeer

etwas getrocknete Pfefferminze

2 Haselnüsse

2 Stoffsäckchen

Eine starke Partnerschaft wird von verschiedenen Elementen getragen, die sich alle auf magischer Ebene unterstützen lassen. Zu den wichtigsten zählen der Mut, zu den eigenen Gefühlen zu stehen, sowie Ehrlichkeit sich selbst und dem anderen gegenüber und ferner Offenheit, Respekt und die Fähigkeit, konstruktiv miteinander zu kommunizieren.
Der folgende Zauber unterstützt all diese Aspekte und schafft darüber hinaus ein starkes Band zwischen den Beteiligten.
Sollte der Zauber jedoch fehlschlagen, rate ich zu einer Paartherapie (deren Erfolg sich übrigens ebenfalls auf magische Weise ganz wesentlich fördern lässt).

So vollziehen Sie den Zauber:

Jeder von Ihnen wählt eine Kerze in einer Farbe, die er als für sich passend empfindet. Reiben Sie diese mit Zimt-, Eukalyptus- oder Lavendelöl ein (alle haben schützende Wirkung, und Schutz kann eine Partnerschaft immer gebrauchen). Bereiten Sie auf dieselbe Weise die rote (Liebe) und die grüne Kerze (der Liebesalltag) vor. Stellen Sie beide Kerzen auf den Altar. Stellen Sie das Räuchergefäß bereit, und füllen Sie den Kelch mit Rotwein oder einem anderen roten Getränk (Traubensaft hat sich da sehr bewährt). Legen Sie in die fünf Schalen Thymian, Rosenblätter, Myrrhe, Lorbeer und Pfefferminze und daneben die zwei Haselnüsse sowie die Stoffsäckchen.

Jeder entzündet nun seine Kerze und betritt mit dieser den Kreis. Dann entzünden Sie mit den eigenen gemeinsam die rote und die grüne Kerze und stellen die Personenkerzen danach ab.

Entzünden Sie die Räucherkohle, und geben Sie gemeinsam etwas Thymian darauf. Dieser steht für Mut. Unterhalten Sie sich einen Augenblick darüber, was Sie in Ihrer Beziehung Mut kostet, wo Sie gern mutiger wären und wo Sie sich als mutig empfinden. Verfahren Sie mit den übrigen Kräutern ebenso. Rose steht für die Gefühle, Myrrhe für Offenheit und Ehrlichkeit, Lorbeer für Stärke und Pfefferminze für die Fähigkeit reibungsloser Kommunikation.

Füllen Sie die restlichen Kräuter danach in die beiden Säckchen. Nun nimmt einer die beiden Partner eine Haselnuss in die Hand, während der andere die seine darauflegt. Haselnüsse stehen für das Glück. Bitten Sie Fortuna um Glück für Ihre Liebe, und geben Sie die Nüsse zu den Kräutern in die Säckchen. Nehmen Sie dann gemeinsam den Kelch, und bitten Sie eine Liebesgottheit in dem unten angegebenen Spruch, das darin enthaltene Getränk zu segnen und mit seiner Macht zu erfüllen.

Lassen Sie ein paar Tropfen in die Beutelchen fallen und trinken Sie dann nacheinander aus dem Kelch.

Jeder verschließt nun das Säckchen des anderen, reicht es ihm und nimmt das eigene Säckchen entgegen.

Die Säckchen werden von nun an von den beiden Liebenden während eines ganzen Mondumlaufs jeden Tag am Körper getragen.

Wenn die Erde einst verwüstet ist und auch die Götter nicht mehr sind,
Werden zwei nur aus der Menschen Geschlecht überleben,
Und diese heißt man Lif und Lifthrasir, was da heißet »Leben« und
»Der nach dem Leben Strebende«. Wenn alle Menschen vergangen sind,
Wird aus diesen ein neues Geschlecht hervorgehen.
So soll auch die Liebe, die wir für einander empfinden,
Fruchtbar und stärker sein als alle Hindernisse
Und selbst das Ende der Welt überwinden.
Dies geschehe im Namen Freyas, der Herrin des Glücks und der Liebe.

Eine klare Trennung nach dem Beziehungsende

Das benötigen Sie für Ihren Zauber:

2 Haselnüsse

Wollfaden

2 Stäbe

1 dünnes Seil

1 Kerze

1 Schere

Im Laufe einer Beziehung bildet sich zwischen den Partnern ein emotionales wie auch ätherisches Band, von dem viele Menschen nichts wissen – eine der Symbolebenen des Eherings beschreibt dieses Band. Wenn es am Ende einer Beziehung nicht bewusst aufgelöst wird, kann seine Existenz die Verarbeitung der Trennung behindern. Natürlich verschwindet es irgendwann auch von selbst, doch ist es möglich, die erste schmerzhafte Zeit durch die bewusste Öffnung dieses Bandes wesentlich kürzer und weniger verwirrend zu gestalten. Der Zauber wird am besten zu zweit durchgeführt, ist aber auch von nur einem Partner vollziehbar, wenn der andere nicht mehr zur Verfügung steht.

So vollziehen Sie den Zauber:

Binden Sie je eine Haselnuss mit einem Wollfaden oder Ähnlichem an einem Holzstab fest – wenn Sie die Nüsse in der Nähe eines der Enden des Stabes anbringen, haben Sie eine entfernte Menschenähnlichkeit erreicht, was nicht unpraktisch wäre, da jeder dieser Stäbe einen der beiden Partner symbolisiert. Nun verbinden Sie die beiden Stäbe mittels des Seils und bringen das Ganze gemeinsam zum Altar.
Entzünden Sie die Kerze, die die Partnerschaft symbolisiert, und geben Sie sich

Stark ist das Band gewesen,
Nun soll es nicht mehr sein.
Oh Herr, lass uns genesen
Von unsrer Herzen Pein.

einige Momente, um Ihre gemeinsame Zeit noch einmal Revue passieren zu lassen. Da waren viele schöne und auch viele schmerzhafte Dinge; manches davon werden Sie nie wieder erleben wollen, aber anderes möchten Sie vielleicht auch aus der Beziehung mit in Ihr weiteres Leben oder gar eine neue Beziehung nehmen.

Verabschieden Sie sich innerlich von jenen Dingen, die Sie zurücklassen wollen und laden Sie jene, die Sie mitnehmen möchten ein, mit Ihnen zu kommen.

Dann nehmen beide Partner das Holzgebinde in die Hand, so dass jeder den ihn symbolisierenden Stab hält. Machen Sie sich die Existenz des immateriellen Bandes bewusst, versuchen Sie, ihm noch einmal nachzuspüren. Schließlich hebt einer der Partner das die Holzstäbe verbindende Seil ein wenig an, und der andere schneidet es mit der Schere oder einem Dolch durch.

Hierbei können Sie dann den alten Spruch anwenden, mit dem im deutschsprachigen Raum vor Einführung der gesetzlichen Trauung so genannte »wilde Ehen« aufgelöst wurden (siehe linke Buchseite). Entfernen Sie nach dem Zertrennen des Bandes die Enden des Bandes von den Stäben, und legen Sie sie auf den Altar. Wenn Sie möchten, können Sie nun einen Abschiedskelch teilen. Danach nimmt jeder seinen Stab.

Wenden Sie sich einander noch einmal zu. Falls es noch etwas zu sagen gibt, ist dies ein guter Zeitpunkt dafür.

Drehen Sie sich dann um, so dass Sie einander den Rücken zuwenden, und verlassen Sie den Kreis in entgegengesetzten Richtungen.

In diesem Fall werden die Zauberutensilien nicht alle einem fließenden Gewässer übergeben, nur das Band geht diesen Weg. Mit Ihrem Holzstab gehen Sie in einen Wald und suchen sich ein Stück lockere, duftige Erde – am besten an einem Ort, an dem schon der eine oder andere Haselstrauch steht, aber nicht direkt unter diesem – und vergraben Ihre Haselnuss dort. Den Stab stecken Sie dazu. Möge die Erfahrung der Vergangenheit Sie reif und fruchtbar werden lassen.

Geld- und Erfolgsmagie

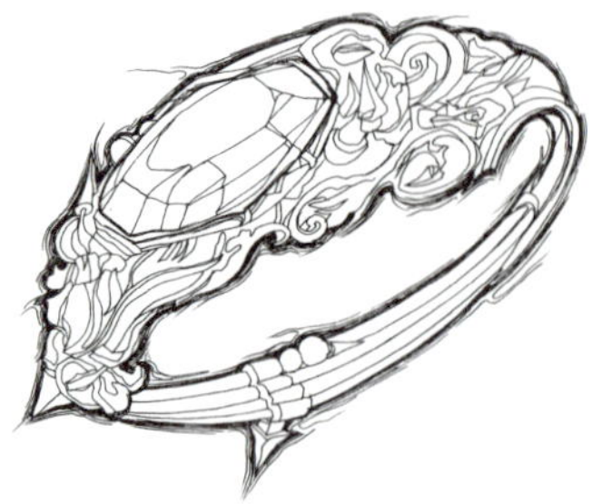

Nachfolgend möchte ich kurz aus dem sehr empfehlenswerten Titel »Das große Praxisbuch der weißen Magie« von Ansha (ebenfalls im Ludwig Verlag erschienen) zitieren – denn besser kann ich es auch nicht formulieren: »Die magische Substanz ist etwas sehr Ursprüngliches, eine archaische Kraft. Sie kennt keine Währungen, Aktien, Schecks und Kreditkarten.

Wenn Sie also mit Ihrem Job unzufrieden sind, wünschen Sie sich einen besseren, und nicht eine Menge Geld, um unabhängig zu sein. Wenn Sie ein neues Auto brauchen, wünschen Sie sich das. Vielleicht bekommen Sie es geschenkt oder gewinnen es bei einem Preisausschreiben. [...] Hinter dem Tauschmittel Geld steht ein Wunsch. Und diesen Wunsch sollten Sie sich erfüllen.«

Geldmagie funktioniert also deshalb meistens nicht, weil der sie ausführende Mensch und die Magie zwei verschiedene Sprachen sprechen.

Wenn Sie magisch erfolgreich sein wollen, müssen Sie sich ganz einfach die Sprache der Magie zu eigen machen, und diese Sprache enthält keine abstrakten Begriffe. Etwas, das sich anfassen lässt, können Sie auch herbeizaubern.

Ebenso sind konkrete Lebenssituationen auf magischem Weg umsetzbar. Deshalb gebe ich nachfolgend eine Reihe von Ritualen wieder, die durchaus die Grundlagen für einen finanziellen Erfolg schaffen helfen können.

Im Übrigen gilt auch hier, was ich schon zum »Zauber zur Klärung einer Beziehung« anmerkte: Magie nimmt Ihnen die Arbeit nicht ab. Sie kann diese höchstens effektiver, zielgerichteter, lohnender und in diesem Zusammenhang erfolgversprechender machen.

Natürlich lässt das Grundkonzept der Magie theoretisch auch die Manifestation von Hundertmarkscheinen aus dem Nichts zu, doch wäre der Energie- und Übungsaufwand, den Sie dafür aufbringen müssten so hoch, dass der tägliche Gang zur Arbeitsstelle geradezu ein Klacks dagegen ist.

Also, nehmen Sie das, was Sie haben, und machen Sie mit magischen Mitteln das Beste daraus!

Die eigene Berufung herausfinden

Das benötigen Sie für Ihren Zauber:

1 Haselnuss

1 Beutelchen

1 blaue Schnur

1 braune Schnur

Die beste und somit erfolgreichste Arbeit leistet man meist dann, wenn sie einem Freude bereitet und einen Sinn hat.
Das ist zwar keine Garantie für den beruflichen Erfolg, kann aber einen wesentlichen Schritt auf dem Weg dorthin darstellen.
Bei diesem Zauber geht es grundsätzlich darum, seinen beruflichen Platz im Leben zu erkennen.

So vollziehen Sie den Zauber:

Dieses Ritual funktioniert am besten, wenn man es zur Vollmondzeit ausführt. Auch bei diesem Zauber spielt die Haselnuss eine wichtige Rolle. Sie ist ein echter Allround-Könner; in diesem Fall steht sie für Weisheit und Erkenntnis. Legen Sie die Haselnuss in den Beutel und verschließen Sie ihn. Nehmen Sie dann die blaue Schnur und legen sie so um den »Beutelhals«, als wenn Sie gleich einen Knoten machen wollten.
Stellen Sie sich vor, wie Sie durch einen Nebel gehen. Zunächst ist es Ihnen kaum möglich, irgendetwas in diesem Nebel zu erkennen, doch mit jedem Schritt löst sich der Dunst mehr und mehr auf; die Konturen Ihrer Umgebung schälen sich daraus hervor, bis Sie schließlich die Dinge um Sie herum in wirklich deutlicher Klarheit sehen können.
Greifen Sie nun auf die Verbindung zum Himmel zurück, die Sie aus der Erdung zu Beginn des Rituals noch haben, und lassen Sie von dort eine weißblau strahlende Energie in die Schnur strömen.
Wenn das Band nichts mehr an Energie aufnimmt, dann legen Sie einen lockeren Knoten hinein und sagen den unten stehenden Spruch.

Weise Minerva, lasse die Schleier vor meiner Seele schwinden,
Damit ich erkennen kann, was meine Aufgabe ist.

Mit dem letzten Wort ziehen Sie den Knoten fest und bestimmt zu. Dann nehmen Sie die braune Schnur und legen auch diese zum Verknoten vorbereitet locker um das Säckchen.
Kehren Sie nun zu Ihrer Visualisierung zurück, und beobachten Sie sich dabei, wie Sie jene Dinge, die in Ihrer Umgebung zum Vorschein gekommen sind, sinnvoll und mit Freude dazu verwenden, etwas zu bauen – z. B. einen Turm oder ein Haus. Was genau es sein wird, hängt davon ab, was Sie entdeckt haben.
Greifen Sie dann nochmals auf die Verbindung aus der Erdungsübung zurück, um die Schnur diesmal mit der Kraft der Erde zu laden. Bevor Sie den Knoten zuziehen, sagen Sie den oben abgedruckten Spruch.
Tragen Sie den Beutel während des folgenden Mondumlaufs stets bei sich.

Hochbegabter Lugh, lasse mich sehen,
Wie ich meine Träume Wirklichkeit werden lassen kann.

Am nächsten Tag öffnen Sie den Knoten in der blauen Schnur, die Sie nun entsorgen können. So, wie der Mond in der darauffolgenden Zeit schwindet, wird in den nächsten zwei Wochen auch Ihre Orientierungslosigkeit verschwinden und sich ein neuer Weg zeigen. Exakt vierzehn Tage später, zu Neumond, öffnen Sie den Knoten in der braunen Schnur. So wie der Mond zunimmt, werden auch Ihre Möglichkeiten für ein neues Berufsleben zunehmen.
Zwei Tage vor dem nächsten Vollmond vergraben Sie schließlich die Haselnuss in fruchtbarer Erde und geben dem Zauber damit die Möglichkeit, in dieser Welt Wurzeln zu fassen zu wachsen und materielle Ergebnisse zu zeigen.
Je aufmerksamer Sie Ihre Welt von nun an wahrnehmen, desto eher werden sich Veränderungen einstellen.

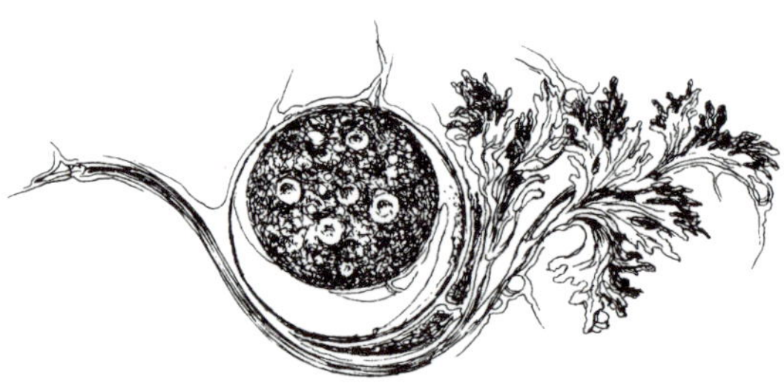

Finden einer Arbeitsstelle

Das benötigen Sie für Ihren Zauber:

1 Kelch

etwas Rotwein
(es geht auch Traubensaft)

1 rote Kerze

etwas Zimtöl
(Zitronenöl ist auch möglich)

1 Eichenblatt

1 Blatt Papier

1 Stift

1 Brotkruste

Nur um völlig sicher zu gehen: Dieser Zauber nützt Ihnen gar nichts, wenn Sie nicht die Stellenanzeigen der entsprechenden Zeitungen durchgehen und ein paar Bewerbungsgespräche vereinbaren.

So vollziehen Sie den Zauber:

Füllen Sie den bereitgestellten Kelch mit dem Rotwein oder einem roten Saft. Entzünden Sie die mit Zimt- oder Zitronenöl zuvor eingeriebene Kerze, und legen Sie das Eichenblatt davor.

Versuchen Sie nun, vor Ihrem inneren Auge ein möglichst genaues Bild davon zu schaffen, wie Sie sich Ihre zukünftige Arbeitsstelle vorstellen. Je detaillierter Ihre Vorstellung wird, umso besser.

Wenn Sie das Gefühl haben, noch genauer geht's nicht, nehmen Sie das Blatt Papier und schreiben die wesentlichen Punkte Ihrer Vision auf.

An das Ende der Liste setzen Sie die Namen jener Menschen, die Ihnen bei Ihrem Erfolg behilflich sein können und ergänzen das Ganze mit dem Namen Demeter oder Hera, Jupiter oder Merkur (Sie können gerne auch alle Götternamen dazu verwenden, aber am effektivsten ist es, wenn Sie sich für eine Gottheit entscheiden, die nicht nur für Erfolg und berufliche Angelegenheiten steht, sondern auch mit Ihrem speziellen Tätigkeitsfeld etwas anzufangen weiß).

Reiben Sie nun mit der Brotkruste über die beschriebene Seite des Papiers. Versuchen Sie dabei, jeden Quadratzentimeter zu erwischen.

Im weiteren Verlauf der Handlung geben Sie das Eichblatt darauf und falten das Ganze mehrmals.

Tauchen Sie anschließend das Papierbündel in den Kelch, und warten Sie, bis es sich so weit wie möglich vollgesogen hat.

Dann wird das Bündel auf die Reise geschickt, indem Sie es zu einem kompakten Ball formen und es mit äußerst viel Energie so weit wie nur möglich aus dem Fenster hinauswerfen.

Unterstützung der Berufslaufbahn

Sowohl bei der Arbeitssuche als auch für die Unterstützung der beruflichen Laufbahn kann hier der folgende Charisma-Zauber von großer Hilfe sein, wenn man ihn zum richtigen Zeitpunkt einsetzt. Ferner ist es auch möglich, die Hindernisse einer Karriere zu beseitigen.

Das benötigen Sie für Ihren Zauber:

die Ansuz-Rune ᚨ

So vollziehen Sie den Zauber:

Zeichnen Sie die Rune mit einer Schreibfeder auf ein Pergament oder ritzen Sie sie in ein Stück Holz und färben Sie die eingeritzten Linien rot ein.
Hierbei sprechen Sie den vierten Zauberspruch des Havamal aus:

Ich kenne einen vierten: Er wird
Mich schnell befreien, wenn Feinde
Mich in Ketten legen. Ein Ruf, der
Die Füße von den Fesseln befreit
Und die stärksten Bänder
Von den Händen sprengt.

Tragen Sie die Ansuz-Rune (ᚨ), die uns mit dem göttlichen Wissen verbindet und für die Kommunikation mit den Göttern steht, bei sich, damit sie ihre Wirkung voll entfalten kann.

Ein etwas speziellerer altenglischer Zauber dient dazu, in beruflichen Stress- oder Krisenzeiten die Konzentratiosfähigkeit zu erhöhen.

Das benötigen Sie für diesen Zauber:

etwas frischen Rosmarin

So vollziehen Sie den Zauber:

Schneiden Sie einen Zweig frischen Rosmarin und sagen Sie dabei konzentriert die folgenden Zauberworte:

Ich schneide dich, Rosmarin,
Du Kraut der Sonn,
Schärfe meinen Geist und die
Konzentration.

Geben Sie das Rosmarinkraut in ein Beutelchen, das Sie so lange wie nötig bei sich tragen.

Das Geld anziehen

Das benötigen Sie für den Zauber:

Einige Weizenkörner (wahlweise auch Hafer- oder Gerstenkörner)

1 Geldschein

ein paar Münzen

ein paar Pfefferminzblätter

Falls Sie es absolut nicht lassen können – dann versuchen Sie es mit dem nachfolgenden Zauber.

So vollziehen Sie den Zauber:

Gehen Sie im Spätsommer hinaus in die Felder, und sammeln Sie Weizen-, Hafer- oder Gerstenkörner.
Vergraben Sie diese gemeinsam mit dem Geldschein (etwas mehr als ein Zehner sollte es schon sein), einigen Münzen und ein paar Pfefferminzblättern vor einer Mauer oder Hauswand, die nach Süden weist.
Wenn das Korn im Frühjahr aufgeht, dann wird mit ihm auch Ihr Budget wachsen – oder Sie werden plötzlich von einer Kleingeldschwemme heimgesucht. (Es ist übrigens nicht erlaubt, den Geldschein in Plastik zu wickeln und irgendwann im Juni wieder auszugraben.)

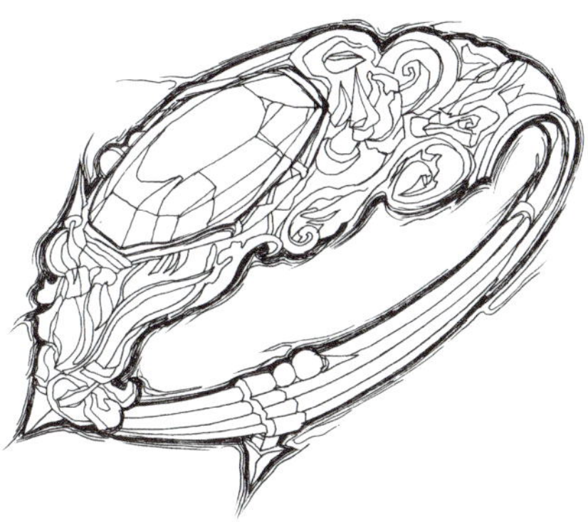

Wenn die Heilung im Vordergrund steht

Krankheit und Heilung sind auch innerhalb der magischen Künste ein schwieriges Thema. Immerhin geht es um Ihren Körper, und ein Eingriff in diesen kann durchaus zu ziemlich unerwünschten Ergebnissen führen, wenn man womöglich in keinster Weise weiß, was man da tut.

Nicht umsonst liegt die Heilkunst – sei sie nun klassischer oder alternativer Art – in unserer wie auch in vielen anderen Kulturen in den Händen von langjährig ausgebildeten Fachleuten, und genau da gehört sie auch hin. Deshalb sollten Sie Heilzauber, gleich welcher Art auch immer, immer erst dann vollziehen, nachdem Sie einen Arzt oder Heilpraktiker aufgesucht haben. Und grundsätzlich gilt nach wie vor: Vorbeugung ist noch immer die beste Heilung. Auch eine noch so intensive und erfolgreiche Magie kann eine angemessene Ernährung, den sinnvollen Umgang mit Alltagsanforderungen und ausreichende Bewegung nicht ersetzen – ganz im Gegenteil: Je ausgeglichener Ihre Lebensführung ist, desto erfolgreicher werden Ihre Zauber sein.

Auch in der Magie ist der Bereich der Heilung immer etwas für Fachleute und umfasst eine große Menge an Wissen, das allerdings den Rahmen dieses Buches bei weitem sprengen würde.

Deshalb gebe ich in dem nachfolgenden Kapitel zur Heilungsmagie hauptsächlich diejenigen Zaubersprüche wieder, die der Volksüberlieferung entstammen und sich gezielt mit ganz bestimmten Erkrankungen beschäftigen.

Bewahrung der Gesundheit

Das benötigen Sie für Ihren Zauber:

1 Walnuss

2 Eicheln

einige Wacholderbeeren

1 Säckchen

Gute Gesundheit ist immer noch die beste Krankenversicherung, und man kann sie auf viele Weisen unterstützen. Ergänzen Sie Ihre Gesundheitsvorsorge doch mit einem kleinen Ritual!

So vollziehen Sie den Zauber:

Geben Sie die Walnuss, die Eicheln und die Wacholderbeeren in das Säckchen und suchen Sie sich an einem sonnigen Tag (am besten während des zunehmenden Monds) eine schöne, große und starke Eiche, Esche oder Kastanie.
Setzen Sie sich zu Füßen des erwählten Baums und lehnen Sie Ihren Rücken an seinen Stamm (vielleicht ziehen Sie es aber auch vor, den Baum in stehender Position zu umarmen).
Schließen Sie die Augen, und fühlen Sie den Sonnenstrahlen auf Ihrer Haut nach, wie diese all Ihre Zellen durchdringen und mit kraftvoller Energie erfüllen. Lassen Sie diese Energie in das Säckchen fließen. Wenden Sie sich dann dem Baum zu, begrüßen Sie ihn ruhig, und danken Sie ihm für den Schatten und die Kühle, die er bietet.
Lehnen Sie sich nun fest an, und spüren Sie, wo der Stamm Ihren Körper berührt. Stellen Sie sich vor, dass Sie in den Baum hineinsinken, als ob der Stamm aus weicher Watte wäre. Da drinnen sieht es lustig aus; in einer Unmenge an leuchtenden Bahnen ziehen kleine Lichtpunkte von den Wurzeln bis zu den höchsten Ästen. All diese Bahnen vereinen sich im Stamm, der von einer gewaltigen Kraft durchströmt wird. Lassen Sie auch Ihren Körper von dieser Kraft durchdringen, ohne deren Fluss zu behindern. Halten Sie schließlich in Ihrer Vorstellung das Säckchen in diesen Strom, bis es wie eine kleine Sonne funkelt und glänzt.

Bei Eichenbaum,
Wacholderbeere und Walnuss,
Die Kraft der Gesundheit
In mich einziehen muss!

Begeben Sie sich anschließend in Ihrer Vorstellung wieder zurück in Ihren an den Stamm gelehnten Körper.

Danken Sie dem Baum für seine Großzügigkeit; öffnen Sie dann die Augen (Vorsicht, hell!) und recken Sie sich zunächst ein wenig, um ein Gefühl für Ihre Gliedmaßen zu bekommen.
Dann verschließen Sie das Säckchen und sprechen den Zauberspruch von der vorherigen Seite.

Sie können das Säckchen unter Ihr Kopfkissen legen oder es immer mit sich tragen. Idealerweise wird der Zauber mit jedem Mondumlauf erneuert, doch wenn Ihnen dies mal nicht möglich sein sollte, können Sie es bis zu drei Monate lang verwenden – je nachdem, wie nötig Sie seine Energie brauchen.

Rheuma und Gliederschmerzen

Das benötigen Sie für Ihren Zauber:

1 Räuchergefäß und -kohle

geweihte Kräuter, Rosenblätter

Wenn die Knochen aufgrund von Rheuma oder auch sonst anfangen, weh zu tun und das Sich-Bewegen Schmerzen bereitet, dann kann dieser Zauber mit einem alten böhmischen Spruch Linderung oder Abhilfe schaffen.

So vollziehen Sie den Zauber:

Zünden Sie die Räucherkohle an. Vermischen Sie die geweihten Kräuter mit den Rosenblättern, geben Sie diese Mischung in das Räuchergefäß, und unterziehen Sie die erkrankte Person damit einer Räucherung. Sprechen Sie die folgenden Worte:

Ich verwünsche euch, Gliederweh,
Brandweh, Beinweh,
In den tiefen Wald,
In die hohle Eiche,
In das stehende Holz und in das liegende.
Dort schlagt euch herum und stoßet
Und gebt (Namen des Kranken) Ruhe.

Allgemeine Heilung

Das benötigen Sie für Ihren Zauber:

1 Birnbaum

Aus dem Mittelalter stammt folgender Zauber, der gegen alle möglichen Krankheiten helfen kann.

So vollziehen Sie den Zauber:

Umschreiten Sie dreimal den auserwählten Birnbaum gegen den Uhrzeigersinn, und sagen Sie dabei den unten stehenden Zauberspruch auf.

Die Formulierung des Zauberspruchs beruht auf dem Glauben vieler alter Kulturen, Krankheiten würden durch materielle wie auch immaterielle »Würmer« in unterschiedlichen Farben ausgelöst.

Mit diesem Zauber, der gleichsam ein Allround-Zauber ist, soll die Krankheit, an der man leidet, einfach auf den Birnbaum übertragen werden, der sie mit den Wurzeln dann in die Erde weiterleitet.

Dort tritt dann ein altes magisches Prinzip in Kraft: Im Schoß der Erde verwandeln sich Dung und Abfall des einen – und eben auch Krankheit – in fruchtbaren Boden für andere.

Birnbaum,
Ich klage dir,
Drei Würmer, die stechen mir.
Der eine ist grau,
Der andere ist blau,
Der dritte ist rot,
Ich wollte wünschen,
Sie wären alle drei tot.

Gegen Gicht

Aus den südlichen Alpen stammt ein Zauber, der wohl bereits seit dem frühen Mittelalter in dieser Form Verwendung findet. Es ist einer der seltenen Fälle, bei dem ein kleines Opfer aus eigenem Blut hilfreich sein kann.

Das benötigen Sie für Ihren Zauber:

3 Tropfen Ihres Blutes

etwas Bienenwachs

etwas Honig

So vollziehen Sie den Zauber:

Suchen Sie sich kurz vor Sonnenaufgang eine starke, aber nicht zu alte Fichte, und geben Sie Ihre Blutstropfen in einen Spalt im Stamm des Baumes hinein. Dann versiegeln Sie den Spalt mit dem Bienenwachs und dem Honig, wobei Sie zu dem Baum den folgenden Spruch sagen:

Guten Morgen,
Frau Fichte,
Da bring ich dir die Gichte.

Auch die alten Römer litten bereits unter dieser Erkrankung, wie ein Zauber des Marcellus gegen die Fußgicht zeigt. Er weist den Patienten an, morgens vor dem Aufstehen in die Hände zu spucken, sie um den Fußknöchel zu legen und von dort streichend zu den Zehenspitzen zu führen. Dabei gleitet eine Hand am Spann entlang und die andere über die Fußsohle, während man den folgenden Zauberspruch spricht:

Fußgicht und
alle Schmerzen
der Sehnen,
Von meinen Füßen und allen
meinen Gliedern.
Gift besiegt Gift,
Aber nüchterner Speichel
Lässt sich nicht besiegen.

Warzen entfernen

Das benötigen Sie für Ihren Zauber:

1 absolut
nagelneue Nadel

Dieser Zauber gegen lästige Warzen stammt aus dem ländlichen England des Mittelalters. Und auch er beruht wie so einige andere überlieferte Heilungszauber auf der Übertragung der Erkrankung auf einen Baum.

So vollziehen Sie den Zauber:

Stechen Sie mit der Nadel in die Warze hinein (bei mehreren Warzen benötigen Sie entsprechend mehr Nadeln), und werfen Sie diese gegen den Stamm einer Esche, wobei Sie Folgendes sagen:

Esche, bitte nimm von mir
Alle meine Warzen hier.

Verstauchungen fortzaubern

Aus dem 10. Jahrhundert stammen die berühmten Merseburger Zaubersprüche, deren zweiter Spruch in ländlichen Gegenden in Deutschland durchaus noch bis zu Beginn des 20. Jahrhunderts gern gegen Verstauchungen angewendet wurde. Nachfolgend eine Übersetzung aus dem Althochdeutschen für Ihren Zauber:

Phol und Wodan ritten in den Wald.
Da wurde Balders Fohlen der Fuß verrenkt.
Da besprachen ihn Sinthgunt und Sunna, ihre Schwester;
Da besprachen ihn Frija und Volla, ihre Schwester;
Da besprach ihn Wodan, so gut er konnte:
Soll verrenktes Bein, Blut zu Blut,
Glied zu Glied soll wie geleimt sein!

Krämpfe lindern

Gegen dieses Übel kannte man früher folgenden Zauber, für den Sie kein Hilfsmittel benötigen als das Kreuzzeichen.

So vollziehen Sie den Zauber:

Schlagen Sie dreimal ein Kreuzzeichen über dem verkrampften Körperteil, und sprechen Sie dabei die folgenden Worte:

Der Teufel
Hat mein Bein angekettet.
Johannes, Markus, Lukas,
Mich rettet.
Bei drei Kreuzen
Die Erlösung geschehen muss:
Zwei für die Schächter und
Eines für Jesus.

Gegen Ansteckung

Das benötigen Sie für Ihren Zauber:

etwas Salz

1 Hemd (Bluse)

oder 1 Tuch

Das ist zwar kein Spruch, aber ein sehr schöner litauischer Brauch, der die Ansteckungsgefahr bannen soll.

So vollziehen Sie den Zauber:

Binden Sie etwas Salz in den Zipfel Ihres Hemdes beziehungsweise auch in Ihre Bluse. Eine weitere Möglichkeit, diesen Zauber wirksam werden zu lassen, ist, wenn Sie es in ein Tuch gebunden am Hals mit sich herumtragen.
Die reinigende Kraft des Salzes soll hier den Viren den Garaus machen (sicherheitshalber sollten Sie den Zauber allerdings zusätzlich mit der Einnahme von ausreichend Vitamin C ergänzen).

Bei schlecht heilenden Wunden

Das benötigen Sie für Ihren Zauber:

1 Blatt der Königskerze

Schon Plinius, dem römischen Schriftsteller, war dieser Zauber bei schlecht heilenden Wunden bekannt.

So vollziehen Sie den Zauber:

Damals empfahl Plinius, das Blatt der Königskerze von einer Jungfrau auf die Wunde auflegen zu lassen.
Sollten Sie diesen Zauber gegen schlecht heilende Wunden anwenden wollen, bedarf es heute nicht mehr unbedingt einer Jungfrau. Das Blatt aufzulegen reicht. Währenddessen wird folgender Spruch dreimal laut rezitiert:

Jedes Übel wird gehemmt,
Wenn eine Jungfrau ihm entgegentritt.

Brandwunden

Das benötigen Sie für Ihren Zauber:

1 Kerze

Die Anwendung dieses alten volkstümlichen Zaubers gegen Brandwunden ist noch bis etwa 1950 belegt.

So vollziehen Sie den Zauber:

Zünden Sie die Kerze an, berühren Sie mit dieser die Brandwunde (nicht mit dem brennenden Ende), und sagen Sie dazu dreimal laut und deutlich den unten stehenden Spruch auf:

Unsere liebe Frau geht übers Land,
Trägt einen feurigen Brand in der Hand.

Hautausschläge bekämpfen

Das benötigen Sie für Ihren Zauber:

Etwas reines Quellwasser

Hautprobleme wie Pusteln, Pickel oder Juckreiz plagen heute immer mehr Menschen. Abhilfe können Sie mit diesem Zauber schaffen, bei dem Sie zugegeben schon recht früh auf den Beinen sein müssen, – aber wem ist seine Heilung das nicht wert?

So vollziehen Sie den Zauber:
Beträufeln Sie die betroffenen Hautpartien mit Wasser, das Sie am Morgen des Ostersonntags bei Sonnenaufgang aus einer Quelle oder einem reinen Bach geschöpft haben und sagen Sie dazu:

Ich werde N. N. den lästigen Ausschlag versegnen, dreimal neun
Pickel, dreimal neun Pusteln, dreimal neun Schwämme.
Die Mutter Gottes ging einen grünen Steg und traf drei Kräuter.
Das eine pflückte sie ab mit der rechten Hand,
Das andere warf sie um mit dem rechten Fuß,
Und das dritte verlor sich, ich weiß nicht wohin.
Also sollen auch diese Schwämme [bzw. Pickel oder Ausschlag]
Von N. N. ich weiß nicht wohin sich verlieren.
Nicht durch meine, meine, meine, sondern durch des Herrn Jesu Hülfe,
Sowie aller Heiligen.

Blutungen stoppen

Das benötigen Sie für Ihren Zauber:

1 kleiner Stein

Da bei stärkeren Verletzungen, die bluten, meist keine Zeit für komplizierte Rituale bleibt, zeigt sich auch die Volksmagie in solchen Fällen eher pragmatisch. Sie ergänzt beispielsweise den folgenden Zauberspruch nur durch das dreimalige Schlagen eines heiligen Zeichens. Welches Zeichen Sie dafür wählen, bleibt Ihnen überlassen.

Des Morgens im Tau'n
Gingen drei Frau'n.
Die eine sucht Blut,
Die andre fand Blut,
Die dritte sagt:
Steh still, Blut!

Ein anderer Zauber bietet sich vor allem dann an, wenn Sie sich im Freien befinden und sich selbst verletzt haben oder jemandem helfen wollen.

So vollziehen Sie den Zauber:

Nehmen Sie einen kleinen Stein, und merken Sie sich dabei sehr genau, wo dieser lag. Dann sprechen Sie den unten stehenden Zauberspruch dreimal laut aus und führen dabei ebenso oft die darin beschriebenen Handlungen in immer der gleichen Reihenfolge aus. Danach wird der Stein an dieselbe Stelle zurückgelegt, von der er ursprünglich genommen worden ist. Falls sich die Wunde nicht am Bein befindet, kann das Wort »Bein« auch einfach durch »Gebein« ersetzt werden – Knochen haben wir fast überall, das stimmt also immer.

Jetzt nehm ich den Stein
Und lege ihn dir auf dein Bein
Und drücke ihn auf das Blut,
Dass es sofort stehen tut.

Unterstützung bei einem Knochenbruch

Dieser Zauber sollte einmal täglich ausgeführt werden. Streichen Sie mit der Hand über die verletzte Stelle, und sagen Sie dazu dreimal hintereinander:

Ich seh,
Es wächst,
Ich streich,
Dass es vergeht!

Gegen Brustentzündung (vor allem bei stillenden Müttern)

Streichen Sie sanft über die entzündete Brust, und sagen Sie dreimal den unten stehenden Spruch dazu:

Den zweiten Teil der Spruchformel können Sie aber auch gern durch den Namen Marias, der Mutter Gottes (die schließlich weiß, wovon Sie reden) oder durch den Namen einer anderen Gottheit ersetzen; die an dieser Stelle wiedergegebene Form des Spruchs entspricht dem samländischen Originalspruch.

Auf einer großen, grünen Wiese geht eine große, rote Kuh.
Im Namen des Vaters,
Des Sohnes und
Des heiligen Geistes,
Amen.

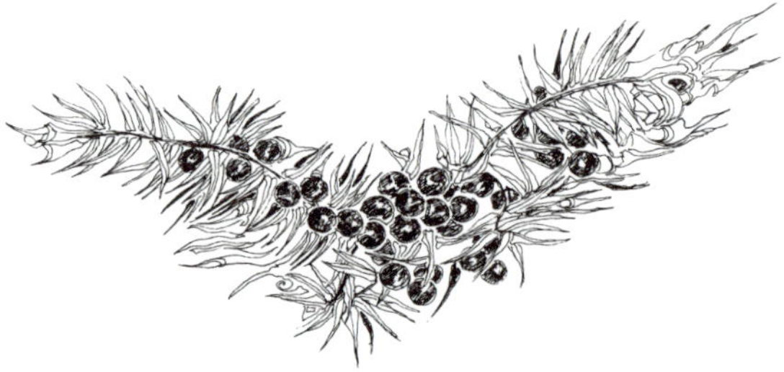

Gegen Fieber und bei Fieber

Schreiben Sie während des abnehmenden Monds folgenden Spruch gegen Fieber auf Ihre Haustür:

**Fieber, bleib aus,
Ich bin nicht zu Haus.**

Es gibt noch andere überlieferte Zauber: Sollten Sie Fieber haben, gehen Sie zu einer Weide, binden Sie einen Knoten in deren Zweige, und sagen Sie dabei:

**Liebe Weid, ich klage dir,
Siebenundsiebzig Fieber
Plagen mir.**

Sie können sich auch vor Sonnenaufgang und ohne sich auf dem Weg umzudrehen an ein fließendes Gewässer begeben, den Mund dreimal mit Wasser füllen und dieses jedes Mal wieder zurückspucken.

Dann sagen Sie folgenden Spruch auf:

**Frösche ohne Lunge,
Störche ohne Zunge,
Fische ohne Galle,
Nehmet meine
Siebenundsiebzigerlei
Fieber alle!**

Ein anderer schöner Zauber aus Ostdeutschland rät dem Kranken, mit einem Handbohrer, einem hölzernen Nagel und einem Hammer zu einem Baum (ein Brett tut's auch) zu gehen, ohne dabei zu sprechen. Dann ein Loch in das Holz bohren, dreimal hineinhauchen und den Satz hineinsprechen:

N. N. ist nicht zu Hause!

Das Loch mit Hammer und Nagel verschließen und sich auf den Heimweg begeben, ohne zu sprechen noch sich umzuwenden, weil einen das Fieber sonst wieder anspringt.

Kopfschmerzen

Das benötigen Sie für Ihren Zauber:

1 Hufeisen

Einer gesundheitlichen Beschwerde wie Kopfschmerzen, die heutzutage immer mehr Menschen plagt, können Sie wie folgt entgegen wirken.

So vollziehen Sie den Zauber:

Nehmen Sie ein Hufeisen in beide Hände, und halten Sie es so fest, dass die offene Seite von Ihnen fort zeigt.
Drücken Sie nun die Rundung des Hufeisens an Ihre Stirn, und sagen Sie dabei den unten stehenden Spruch:

Gutes Metall, verloren
Von eines Pferdes Huf,
Zieh aus meinem Kopfe
Die Nägel, die mich schmerzen:
Hexe sie hinfort,
Roste sie hinfort,
Halt' sie von mir fort!

Ein weiterer Spruch gegen Kopfschmerzen stammt aus der Kunst der mecklenburgischen »Püster« (Heiler, Besprecher). Er lautet folgendermaßen:

Starker Ziehfluss,
Kehr dich.
Starker Ziehfluss,
Wend dich.
Fürstensohn, Gottes Thron,
Kreuz über dich und
Kreuz über mich.
Im Namen Gottes,
Des Vaters,
Des Sohnes
Und des Heiligen Geistes.

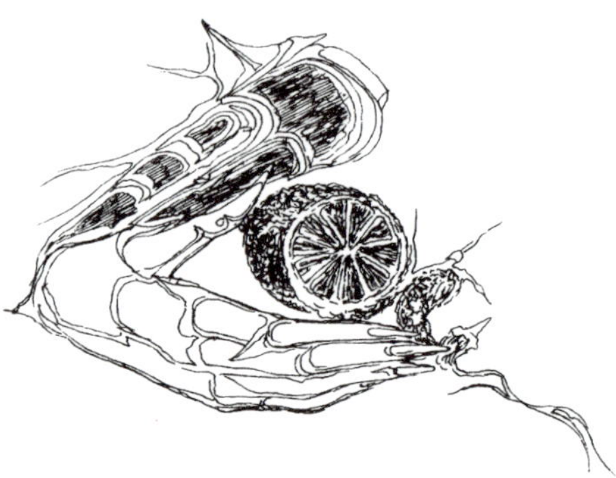

Beinprobleme

Krankheiten, die mit schmerzenden, geschwollenen und von Geschwülsten bedeckten Beinen einhergehen, wurden im Altdeutschen allgemein »Fußsparr« genannt. Die Volksüberlieferung empfiehlt bei solchen Beschwerden das dreimalige Besprechen der schmerzenden Beine mit dem folgenden klassischen Schwindezauber:

N. N., du hast den Fußsparr siebenmal,
Nein, nicht siebenmal – sechsmal,
Nicht sechsmal – fünfmal, nicht fünfmal – viermal,
Nicht viermal – dreimal,
Du sollst nicht dreimal – zweimal, nicht zweimal – einmal,
Du sollst nicht einmal – keinmal.
Im Namen [wie gewünscht einsetzen].

Knackende Gelenke

Knackende Gelenke wurden im Niederdeutschen »Knarrband« genannt. Zwischen Sonnenuntergang und Sonnenaufgang steckt man den betroffenen Körperteil hinten an den Türbändern zwischen eine geöffnete Tür und sagt dann dreimal den unten stehenden Zauberspruch. Den Vorgang im Verlauf einer Nacht noch zwei weitere Male durchführen.

Türgängel, dir klage ich, der Knarrband, der plagt mich.
Nimm du ihn von mir ab und trag ihn bis an den jüngsten Tag.
Im Namen [bitte wählen] …

Gegen Geschwüre

Auch wenn ich der volkstümlichen Überzeugung, Geschwüre entstünden, wenn man zwischen dem 25. Dezember und dem 6. Januar Erbsen oder Bohnen isst, nicht unbedingt zustimmen kann, habe ich doch Gefallen an dem folgenden littauischen Gegenzauber gefunden.
Man gehe dazu bei zunehmendem Mond zu einem Kreuzweg, sehe den Mond an und sage laut und deutlich:

Der Herr ging zu ackern auf des
Herrn Acker,
Er nahm drei Fuhren im dürren
Wackern,
Er fand drei Würmer,
Der erste hieß „Gehwurm",
Der zweite hieß „Streitwurm",
Der dritte hieß „Haarwurm".
Alle Würmer, haltet ein,
Lasset ab von N. N.s Fleisch
und Bein!

Ganz speziell gegen krebsartige Geschwüre wurde in der Gegend von Graudenz an der Weichsel der unten stehende Zauberspruch bei diesem Leiden empfohlen:

Was ich sehe,
Lass zunehmen,
Was ich nicht sehe,
Abnehmen.

Biss eines tollwütigen Hundes

Das benötigen Sie für Ihren Zauber:

1 Stück Brot

etwas Butter

1 Messer

Ich gebe diese Spruchformel hier an, weil sie eine interessante Verballhornung des schon erwähnten Sator-Arepo-Quadrats (siehe Seite 18) darstellt.

Gehen Sie, wenn Sie von einem Hund gebissen wurden, jedoch bitte zuerst und sofort zum Arzt und lassen sich dort eine Tollwutimpfung geben.

So vollziehen Sie den Zauber:

Auch Sie können den folgenden Zauber gern ausführen – nachdem Sie vom Arzt zurückgekommen sind, versteht sich.
Bestreichen Sie dazu ein Stück Brot dick mit Butter, und ritzen Sie dann in die Butterschicht mit einem Messer die unten angegebenen Buchstaben ein.
Nun soll die gebissene Person das Butterbrot verzehren.

N A T O R

A U T N O

T E P U T

A U T N O

R O T U R

Gegen Nasenbluten

Das benötigen Sie für Ihren Zauber:

1 Stück Faden

Auch gegen dieses lästige Übel, das vor allem Kinder und Jugendliche öfter befällt, kann man etwas unternehmen.

So vollziehen Sie den Zauber:

Binden Sie um den kleinen Finger der linken Hand einen Faden (nicht zu locker), und sagen Sie dann:

Ein Kind geboren zu Bethlehem,
Getaufet zu Jerusalem.
Dort am heiligen Stein
Soll mein Blut gestillet sein.

Gegen Darmerkrankungen

Die »Püster« (Heiler, Besprecher) des mittelalterlichen Mecklenburg brachten bei Darmerkrankungen gern diesen Zauberspruch zur Anwendung:

Darmgicht, ich umstreiche dich,
Darmgicht, ich umgreife dich,
Ich gebiete dir aus diesem Fleisch,
Behüt dich Gott
und der Heilige Geist
Im Namen des Vaters,
des Sohnes und
des Heiligen Geists.

Ich vermute, dass die Rezitation des Spruchs von entsprechenden Handlungen begleitet wurde – einer streichenden Bewegung während der ersten Zeile, eine (heraus-)greifende während der zweiten und während der dritten wahrscheinlich eine abschüttelnde.

Koliken

Im Masurischen betrachtete man die Kolik lange Zeit nicht als Krankheit, sondern als ein Wesen, das Menschen befallen und quälen kann.

Dieses quälende Wesen wurde dort in früherer Zeit die »Macica« genannt oder auch als »Bermutter« bezeichnet und damals vergleichbar mit einem Dämon ausgetrieben. Die den Zauber ausführende Person fährt dabei mit der Hand kreisförmig über den betroffenen Körperteil des Erkrankten (Galle, Darm oder andere Ursprungsorte) und sagt dann dreimal laut und deutlich die unten stehende Spruchformel.

Wenn am Ende des Zaubers die Namen der heiligen Wesenheiten, an die sich der Zauber richtet, ausgesprochen werden (im Original die Heilige Dreifaltigkeit), nimmt die zaubernde Person zugleich die Hände vom Leib des Erkrankten und schüttelt sie kräftig aus, damit die Erkrankung nicht an ihm haften bleibt.

Wehremutter, Bermutter,
Du willst Blut lecken, das Herz abstoßen.
Nein, das sollst du nicht tun.
Du bist von Gott gesandt,
Dass du sollst gehen in deinen Ruhestand.
Im Namen von [bitte wählen] …

Schutz vor allerlei Übel

Es ist recht einfach, sich selbst sowie Personen oder Dinge, die einem sehr am Herzen liegen, vor negativen Einflüssen zu schützen. Das Problem liegt dabei einzig in der Dauer.

Schutzzauber müssen regelmäßig aufgefrischt werden, weil sie sonst »ausbleichen« und niemandem mehr von Nutzen sind. Verlassen Sie sich dabei auf Ihre Wahrnehmung.

Oft fühlt sich z. B. ein Gegenstand nach der Durchführung eines Schutzzaubers anders an, er glänzt vielleicht ein wenig oder scheint auch gar nicht mehr aufzufallen. Wenn dieser Eindruck nachlässt, ist es Zeit, den Schutzzauber zu erneuern; spätestens nach einem Mondumlauf sollten Sie es sowieso tun, da dann die Wirkung nachlässt.

Die Magie, die ich im nachfolgenden Kapitel vorstelle, dient hauptsächlich der Anwendung im Notfall, wenn eine akute Bedrohung bestehen könnte.

Gründlich ausgeführt, kann sie auch durchaus dauernde Wirkung haben, ersetzt aber in keinem Fall den gesunden Menschenverstand.

Glauben Sie also bitte nicht, Sie könnten beispielsweise Ihr Auto bedenkenlos in einer finsteren Ecke einer Großstadt abstellen, nur weil Sie es mit einem Schutzzauber versehen haben – mich hat das mal alle vier Felgen gekostet.

Wie Sie sehen, unterlaufen auch im Zauber erfahrenen Personen manchmal Fehler. Ich hätte besser einen Zauber gegen Naivität anwenden und mir ein bewachtes Parkhaus suchen sollen.

Falls Mobbing ein Problem ist

Das benötigen Sie für Ihren Zauber:

die Thurisaz-Rune ᚹ

1 Blatt Papier

1 Stift

Der Zauber stammt aus dem Havamal, einem Teil der altnordischen »Edda«, und ist in jeder Situation anwendbar, in der man sich feindlichen Kräften gegenübersieht.

So vollziehen Sie den Zauber:

Zeichnen Sie die Thurisaz-Rune (ᚹ), die für die Kraft der Verteidigung steht, auf das Papier, oder besser noch, ritzen Sie in ein Stück Holz hinein.
Dann stellen Sie sich vor, wie die schützende Kraft der Erde durch Ihren Körper hindurch in das Holz mit dem eingeritzten Runenzeichen fließt.
Wenn dieser Vorgang seinen Höhepunkt erreicht hat, sagen Sie den unten stehenden Spruch laut und deutlich.
Tragen Sie das Amulett mit der Thurisaz-Rune (ᚹ) immer bei sich.

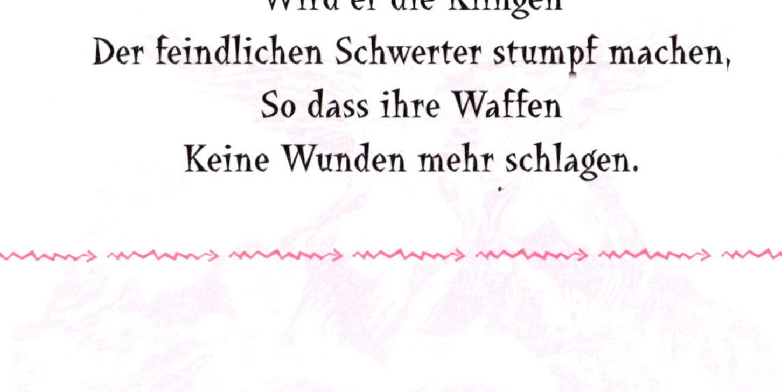

Im Getümmel der Schlacht,
Wenn meine Not nur groß genug ist,
Wird er die Klingen
Der feindlichen Schwerter stumpf machen,
So dass ihre Waffen
Keine Wunden mehr schlagen.

Diebstahl vermeiden

Das benötigen Sie für Ihren Zauber:

die Dagaz-Rune ᛞ

Die Dagaz-Rune (ᛞ) hat sich schon oft bewährt, weil sie Personen oder Gegenstände so »verschleiern« kann, dass diese für andere Menschen nicht mehr wahrnehmbar sind oder als uninteressant erscheinen.

So vollziehen Sie den Zauber:

Der altnordische Gott Heimdall ist aufgrund seines scharfen Gehörs ein hervorragender Wächter, der vor allem in Verbindung mit der Dagaz-Rune (ᛞ) schützend einzugreifen vermag.
Stellen Sie sich die Rune zu diesem Zweck in feurigleuchtenden Linien vor, und senken Sie diese Imagination dann auf den zu schützenden Gegenstand.
Oder Sie ziehen die Linien mit der Hand darüber und stellen sich vor, wie der leuchtende Umriss infolge Ihrer Bewegung entsteht. Wenn Sie möchten, können Sie danach den unten stehenden Spruch sagen.

Die folgende Zaubervariante gegen Diebe kommt direkt aus der Küche:

Das benötigen Sie für Ihren Zauber:

etwas Kümmel

etwas Knoblauch

etwas Wacholder

So vollziehen Sie den Zauber:

Streuen Sie diese oben angegebenen Gewürze fein zerhackt um und auf jene Dinge, die Ihnen lieb und teuer sind.
Diese sind hervorragend dazu geeignet, Diebe zu vertreiben.

Mit deinem Mantel
Verhülle hier
Oh Heimdall,
Was lieb und teuer mir.

Schutz des Heims

Für diesen Zauber brauchen Sie keinen Kreis, aber die folgenden Utensilien:

Das benötigen Sie für Ihren Zauber:

1 Räuchergefäß und -kohle

etwas Myrrhe, etwas Salbei

etwas Sandelholz

1 Gewürznelke

etwas Kiefernharz oder Lavendel

So vollziehen Sie den Zauber:

Falls Sie kein tragbares Räuchergefäß besitzen – eine Keramikschale mit Sand darin tut es durchaus. Entzünden Sie die Räucherkohle. Geben Sie Myrrhe, Salbei, Sandelholz, Gewürznelke und Kiefernharz darauf.

Öffnen Sie alle Fenster und Türen weit, und scheuchen Sie mit Ihrer Räucherung alles aus der Wohnung, das Ihnen schaden könnte. Das kann durchaus auch mit einigen aufmunternden Rufen einhergehen – auf ein bestimmtes »Raus hier!« ergreift sogar der Überrest Ihrer schlechten Laune, der seit vorgestern irgendwo da hinten beim Computer sitzt, überstürzt die Flucht.

Wenn auch der letzte der »bösen Geister« geflohen ist, begeben Sie sich zur Eingangstür und schreiten den Umriss der Wohnung einmal gegen den Uhrzeigersinn ab, als wenn Sie einen Kreis darum legen wollten, nur eben von innen aus. Halten Sie bei jeder nach draußen weisenden Tür und jedem Fenster einen Moment inne, und versiegeln Sie diese Öffnungen sorgfältig mit der Räucherung. Finden Sie einen Zauberspruch,

Vater, Sohn und Heil'ger Geist,
Nagelt den Teufel an diesen Pfosten.
Dreimal schlag ich mit dem heil'gen Kreuz,
Mit diesem Hammer schlag ich dreimal klopf':
Einmal für Gott, einmal für Wod
Und einmal für Lok.

der beinhaltet, dass von nun an nur noch Schwingungen, die Sie fördern, in Ihre Wohnung dringen können und Schaden draußen bleibt. Sprechen Sie den Spruch während der ganzen »Kreisbegehung« leise vor sich hin.

Wenn Sie wieder bei der Haustür angekommen sind, versiegeln Sie diese ein zweites Mal, damit auf keinen Fall eine Lücke entstehen kann. Dann setzen Sie das Räuchergefäß auf einer feuerfesten Unterlage etwa in der Mitte der Wohnung ab und lassen die Kohle dort ausglühen.

Eine andere Variante stellt ein alter, aus England stammender Zauber dar und besteht darin, drei Hufeisen an die Tür oder das Bett zu nageln. Dafür soll ein Gegenstand verwendet werden, der Thors Hammer symbolisiert. Sprechen Sie dabei die Worte der vorhergehenden Seite.

Gegen Alpträume

Das benötigen Sie für Ihren Zauber:

1 natürlichen Lochstein

1 kräftige Schnur

1 Nagel

1 Hammer

Hier greifen wir wieder auf ein schlichtes Ritual zurück, das seit dem Mittelalter im deutschsprachigen Raum überliefert ist.

So vollziehen Sie den Zauber:

Hängen Sie einen natürlichen Lochstein über Ihr Bett (ein Stein mit einem hineingebohrten Loch wirkt nicht). Es gehen auch ein Thorshammer oder ein keltisches Kreuz. Wenn Sie sich am Abend niederlegen, sprechen Sie vor dem Einschlafen:

Heiliger Georg, Glaubensritter,
Bei Tag und Nacht die Lande durchschritt er,
Bis zu den Zeiten, da er sie gefunden,
Er sie besiegt und er sie gebunden,
Bis er ihr Versprechen zum Pfand gemacht,
Sie würden nicht kommen zu mir diese Nacht.

Flüche aufheben

In der Antike waren die Ursachen für viele Ereignisse nicht bekannt, es wundert also nicht, dass der Grund für Unbill jederlei Art gern in einer Verhexung gesucht wurde. Auch wenn das wissenschaftliche Denken im Laufe der Zeit zumindest bei Gelehrten Einzug hielt, heißt dies jedoch noch lange nicht, dass auch der einfache Mann über das entsprechende Wissen verfügte, weshalb bis ins 19. Jahrhundert hinein für den modernen Menschen seltsam anmutende Theorien über den Ursprung verschiedenster Plagen kursierten.

So führte man z. B. den so genannten »Herzspann« (eine Schwellung des Rippenbereichs) darauf zurück, dass der Erkrankte mit ausgebreiteten Armen in einer offenen Tür gestanden habe. Blasen auf der Zunge entstanden demzufolge, wenn jemand schlecht über die betroffene Person sprach, und Halsschmerzen zog man sich zu, weil man mit Hund oder Katze vom selben Teller gegessen hatte. Darüber hinaus aber wurde für viele Erkrankungen und sonstige Notsituationen auch der Fluch, also die Behexung durch eine böswillige Person bzw. eine andere übel gesonnene Wesenheit oder gar der böse Blick verantwortlich gemacht, und es waren eine große Zahl an Gegenzaubern im Umlauf.

Uns sind heute zwar die grundlegenden Zusammenhänge bei der Entstehung von Krankheiten bekannt, aber dennoch fühlen sich immer noch viele Menschen vom Pech nahezu verfolgt und vermuten dessen Ursache in einer magischen Einwirkung von außerhalb.

Auf den Dom- oder Hauptplätzen nahezu jeder europäischen Großstadt können Sie auf ältere, meist aus Ost- oder Südeuropa stammende Frauen treffen, die den Schatz ihrer eigenen, noch lebendigen Volksüberlieferungen in den Dienst ihrer Mitbürger stellen, um herauszufinden, ob diese von einem Fluch belastet sind und was dagegen getan werden kann. Interessanterweise liegt nach ihrer Ansicht fast immer eine Verhexung vor, die nur von diesen Frauen durch ein Zaubermittel geheilt werden kann, das sie zufälligerweise gerade dabeihaben und für ein gewisses Geld zu verkaufen bereit wären.

Die Motive dieser Damen sind aber nicht von Belang (und es mag auch die eine oder andere darunter sein, die wirklich weiß, wovon sie redet) – viel wichtiger finde ich, dass sie eine große Zahl von Kunden zu finden in der Lage sind; Menschen, die ihnen aufmerksam zuhören und eine offensichtliche Besorgnis bezüglich der unsichtbaren Einflüsse, denen man ausgesetzt sein könnte, zeigen.

Meiner Erfahrung nach sind echte Verhexungen sehr selten; ich habe bisher nur einen einzigen Fall erlebt. Das liegt keineswegs daran, dass es niemand versuchte, aber zur Durchführung eines wirksamen Fluchs bedarf es bestimmter psychologischer wie auch magischer Fähigkeiten, die lange trainiert werden müssen und dementsprechend bei nur wenigen Menschen anzutreffen sind.

Viel öfter treffe ich allerdings Menschen an, die die Ursache für ihr Leid mit Hilfe des Fluchverdachts von sich weg auf eine unangreifbare und somit unveränderbare Ebene transportieren. Diesen Menschen hilft kein Bannzauber und kein Hexenmittel, sondern nur eine tief gehende Auseinandersetzung mit ihren Gefühls- und Verhaltensmustern.

Obwohl sich meiner Erfahrung nach fast alle so genannten »Fluchopfer« in diese Kategorie einordnen lassen, halte ich auch hier die Anwendung eines Bannes für eine gute Idee, weil die Betroffenen sich oft in großer Unsicherheit bezüglich der Ursachen ihrer Probleme befinden. Auf diese Weise können sie einfache Klärung finden: Wirkt der Zauber, war's ein Fluch. Wirkt er nicht, haben die Schwierigkeiten andere Gründe.

Während der vergangenen Jahrhunderte gingen die meisten Menschen in Europa davon aus, Flüche nicht selbst bannen zu können, und bedienten sich zu diesem Zweck entweder so genannter Beschwörer, katholischer Priester oder, falls sie deren habhaft werden konnten (wozu es eigene Rituale gab), des Urhebers des Fluchs selbst. Aus diesem Grund sind die folgenden Zauber für mindestens zwei Personen konzipiert: den Betroffenen und die beschwörende Person.

Sie können die Sprüche aber auch alleine anwenden, indem Sie eine einfache Umformulierung vornehmen, was deren Wirkung nicht verändert.

Da unsere Vorfahren den meisten unangenehmen Ereignissen keine bestimmte Ursache zuordnen konnten, gehören Bannzauber zu den meist verwendeten Zaubersprüchen der Geschichte.

Aus diesem Grund rate ich zum ausschließlichen Einsatz historischer Formeln, da diese so oft ausgesprochen worden sind und einen so breiten Pfad in die feinstoffliche Welt geschaffen haben, dass ihre Durchführung auch für magisch unerfahrene Menschen keine besondere Schwierigkeit darstellt. Sie sind sozusagen »idiotensicher«!

Verfluchungen vermeiden

Die meisten Behexungen haben den Verlust angenehmer Lebensumstände zur Folge, wie etwa der eigenen Gesundheit, der Liebe des Partners oder des Wohlstandes. Schon unsere Ahnen pflegten also immer dann, wenn ihnen etwas Schönes widerfuhr, von vornherein dafür zu sorgen, dass man es ihnen nicht auf magische Weise wegnehmen konnte.

Auch wir tun dies heute noch – oder haben Sie noch nie »auf Holz geklopft«? Nachfolgend nun einige überlieferte Sprüche zur Bewahrung des Glücks.

Wenn Sie sich positiv über das Aussehen oder Befinden eines anderen äußern, können Sie ihm helfen, dieses zu bewahren, indem Sie sofort sagen:

**Nicht zu verrufen! Gott segne es,
Gott stärke es!**

»Verrufen« ist ein alter Begriff für das Verhexen. Unser »Unberufen!« ist ebenfalls ein alter Abwehrzauber, der auch dort seinen Ursprung hat.

In der Gegend um Königsberg bediente man sich, wann immer die Rede auf das eigene Wohlergehen oder das eines anderen kam, der Anrufung als schützend, reinigend und glücksbringend geltender Pflanzengeister:

**Knoblauch, Hyazinthenzwiebel,
Dreimal weiße Bohnen!**

Darüber hinaus soll das linksseitige Tragen eines Kleidungsstücks (z. B. eines Strumpfes) oder das Mitführen einer Knoblauchzehe effektiv vor jedem Behexungsversuch schützen.

Ein anderer, sehr schöner Zauber zum Schutz kleiner Kinder vor negativen Einflüssen magischer Art ist folgender.

Der Zauber bewahrt nicht nur ein Leben lang vor Verfluchungen aller Art, sondern soll auch das Glück anziehen. Sie können die Zutaten natürlich abändern, sollten aber darauf achten, dass die Elemente Schutz, Erdung, Reinigung, Wohlstand und Nahrung auch wirklich darin enthalten bleiben.

Das benötigen Sie für Ihren Zauber:

etwas Tarant

etwas Baldrian, etwas Knoblauch

etwas Kreuzkümmel

etwas Teufelsdreck

etwas Salz, etwas Brot

1 Stückchen Stahl, 1 Münze

So vollziehen Sie den Zauber:
Füllen Sie alle Zutaten in einen Beutel. Das Ganze lasse man segnen – unsere Vorfahren lösten das Problem, indem sie Kind samt Beutel in die Kirche schickten (es muss sich allerdings nicht unbedingt um einen christlichen Segen handeln).

Gegen den bösen Blick

Dieser Zauber stammt aus Masuren. Man stellt sich vor, die befallene Person oder das kranke Tier betet das Vaterunser ohne Nennung der Gottesnamen (für Nichtchristen ist dies durch die Anrufung einer anderen Gottheit möglich) und verzichtet auch auf die Gebetsschlussformel (»Amen«, »So sei es« o. Ä.).
Dann spricht man die unten stehende Formel dreimal laut und deutlich. Nun erst wird ein heiliges Zeichen über dem Betroffenen geschlagen und dann die Schlussformel (im Namen des Vaters und des Sohnes und des Heiligen Geistes, Amen) ausgesprochen.

Tau fiel vom Himmel,
Vom Steine herab auf die Erde.
Wie dieser Tau verschwindet, verschwand, in der Luft verwehet,
So mögen auch die dreimal neun Zauber verschwinden,
Vergehen in der Luft
Und verweht werden!

Krankheiten durch den bösen Blick

Um sich vor diversen Krankheiten zu schützen, die durch den bösen Blick hervorgerufen werden können, hilft folgender Zauber.

Das benötigen Sie für Ihren Zauber:

1 Stück Holz von einem Zaun,
der zwei Grundstücke trennt

So vollziehen Sie den Zauber:

Nehmen Sie ein kleines Stück Holz von einem Zaun, der zwei Grundstücke voneinander trennt.
Dieser Zaun darf sich nicht in Ihrem Besitz befinden, und Sie dürfen nicht darum bitten, sondern müssen das Holz heimlich entwenden. Verbrennen Sie das Stückchen Holz nun zu Kohle, und legen Sie dieses Kohleteil noch glühend in eine mit Wasser gefüllte Schale. Mit diesem Wasser besprengen Sie den Betroffenen und geben ihm oder ihr einige Schlucke davon zu trinken. Dann sagen Sie die folgenden Zauberworte:

Zwei böse Augen haben dich verrufen,
Zwei gute Augen rufen dich zurück!
Im Namen des Vaters,
Des Sohnes und des Heiligen Geistes, Amen.

Nun schlagen Sie im Anschluss daran über dem Erkrankten dreimal das Kreuz oder auch ein anderes heiliges und schützendes Symbol.

Zauber zur Aufhebung eines Fluchs

Hier ist es ratsam, ein Ritual auf der Grundlage des Kapitels »Der Grundlegende Aufbau« (siehe Seite 64 ff.) durchzuführen. An der angegebenen Stelle wenden Sie sich der betroffenen Person zu und rezitieren die folgende Formel:

Ich rufe dich zurück
Von Herr oder Frau,
Ich rufe dich zurück
Von Knecht oder Magd,
Ich rufe dich zurück
Von Jung oder Mäd,
Ich rufe dich zurück von allem,
Was unter und über der Erd.

Ein anderer Zauberspruch, mit dem man früher einen Fluch widerrufen hat, lautet:

N. N., wer hat dich verrufen?
Klein oder Groß? Jung oder Alt?
Sichtbar oder Unsichtbar?
Zwei schlimme Augen
Haben dich verrufen,
Zwei gute Augen
Werden dich wiederrufen!
Im Namen des Vaters,
Des Sohnes und des
Heiligen Geistes, Amen.

Und hier noch ein dritter Spruch, den ich als besonders schön empfinde, weil er den Urheber des Fluchs charakteristisch beschreibt. Er lautet folgendermaßen:

Böse Augen sahen dich,
Falsche Herzen gönnen's dir,
Jesus Christus helfe dir!
Im Namen des Vaters, des Sohnes
Und des Heiligen Geistes, Amen.

Verschiedene Anliegen

An den Themen alter, seit langem überlieferter Zaubersprüche lässt sich heute immer noch deutlich sehen, dass die Menschen der Antike und auch des Mittelalters ihr Leben mit ganz anderen Augen betrachtet haben, als wir dies heute tun.

In diesem Zusammenhang ist es beispielsweise natürlich ziemlich schwierig, einen Zauber zu finden, der die finanzielle Situation des Praktizierenden verbessert.

Entsprechende Sprüche entstammen aus späteren Zeiten der Volkstradition und weisen auf deren pragmatische Einstellung hin: Wenn ein Bauer nicht mehr von seinen Erträgen zu leben im Stande war, suchte er sich eine Formel, die das Getreide besser wachsen ließ; wenn sein Vieh krank und damit nicht mehr zu verkaufen war, wandte der Bauer vor diesem Hintergrund entsprechende Heilzauber an.

So bietet die Volksüberlieferung einen reichen Schatz an Zaubersprüchen, die für ganz bestimmte Anliegen des Alltags entworfen wurden. Einige dieser Zaubersprüche für die unterschiedlichsten Anliegen im Alltagsleben – vom Gartenzauber über Reinigungsrituale bis hin zum Wetterzauber – möchte ich Ihnen im folgenden Kapitel näher vorstellen.

Schnittzauber

Viele Bäume, Sträucher und auch Büsche brauchen einige Zeit, um sich von Rückschnitten zu erholen. Sie haben jedoch die Möglichkeit, der Pflanze diese Phase wesentlich zu erleichtern.
Beginnen Sie, indem Sie den Schnitt nicht irgendwo fern vom Baum planen, sondern gemeinsam mit diesem besprechen – einfach indem Sie um den Baum wandernd und diesen betrachtend Ihre Gedanken laut formulieren. Sehen Sie den Baum dabei aufmerksam an, denn viele Pflanzen teilen uns durch die Form ihres Wuchses deutlich mit, wohin sie gerne wachsen möchten und welche Äste sie nicht mehr benötigen.
Es ist auch sinnvoll, dem Baum zu erklären, warum Sie bestimmte Zweige wegnehmen möchten.
Wenn Sie entschieden haben, welche Äste fallen sollen, teilen Sie dies dem Baum mit, indem Sie die entsprechenden Zweige kurz umfassen und ihn bitten, seine Lebenskraft daraus zurückzuziehen. Genau dafür lassen Sie ihm dann einige Minuten Zeit, während der Sie Blumen gießen oder sonstige andere Tätigkeiten vornehmen können. Danach führen Sie die erforderlichen Schnitte schnell und ohne großes Bedauern aus – zu einer guten Pflege gehört auch es auch immer, Grenzen zu setzen.
Schließlich nehmen Sie wieder Kontakt zur Lebenskraft der Sie umgebenden Natur auf und lassen diese durch Ihre Hände in die Schnittstellen fließen. Auf diese Weise versiegeln Sie den Baum ähnlich wie mit einem Harz. Dabei sagen Sie zu der Pflanze mit sanfter Stimme obigen Spruch.
Bei größeren Wunden sollten Sie allerdings dennoch nicht auf die Anwendung von Baumwachs verzichten; schließlich behandelt man eine Platzwunde auch nicht ausschließlich mit Bachblüten!

Was ich geschlagen,
Versiegle ich nun,
Damit Wurzel, Stamm und Blatt
In Frieden ruhn.

Das Pflanzenwachstum fördern

Breiten Sie das Saatgut, das Sie in Ihrem Garten ausbringen möchten, auf einem Backblech oder in einem anderen großen Gefäß aus (es sollte nicht allzu hoch liegen), und halten Sie dieses der Sonne entgegen. Dabei sagen Sie laut und deutlich den unten stehenden Spruch.

Nun besprengen Sie die Samen unter Wiederholung des Zauberspruchs mit etwas Wasser. Während Sie die Saat in den Boden geben, sprechen Sie den Zauberspruch ein drittes Mal.

Es säet der/die Säende,
der/die dreimal neun Erntende!

Gegen Nager

Dies ist ein uralter Zauber, den man am 6. Juli, dem Jesajas-Tag, auszuführen pflegte, um Haus und Hof von Schädlingen, insbesondere Ratten und Mäusen, zu befreien. Man ging durch Haus und Scheune und sprach dabei immer wieder die folgende Formel:

Ihr Ratzen und Mäuse,
Schert euch
Aus dieser Scheune heraus,
Heute ist der Tag
Des heiligen Isajas!

Reinigung eines Ortes

Damit in Räumen keine äußeren, unguten Ausstrahlungen den Energiefluss Ihres Körpers beeinflussen, können Sie folgende Reinigungsrituale durchführen.

Das benötigen Sie für Ihren Zauber:

etwas Lorbeer

etwas Copalharz

etwas Lavendel

etwas Salbei

etwas Thymian

1. Klärender Rauch
Eine Räucherung ist die wirksamste Maßnahme zur energetischen Reinigung eines Ortes.

So vollziehen Sie den Zauber:

Räuchern Sie Lorbeer, Copalharz, Lavendel, Salbei oder Thymian. Auch ein guter Tabak kann diese reinigende Wirkung haben.

Gehen Sie mit dem Räuchergefäß in der Hand durch den Raum, den Sie reinigen möchten, und sorgen Sie dafür, dass der Rauch in jede Ritze dringt.
Sie können danach gern ein Fenster öffnen. Dabei können Sie auch die griechische Göttin Aphrodite bitten, den Ort zu reinigen (überrascht? Ja, Aphrodite ist auch eine Göttin der Reinheit – nicht nur, weil sie aus dem Meer kommt, sondern auch, weil die Liebe durchaus eine reinigende Kraft ist).

2. Reinigung per Besen
Es geht auch einfacher: Nehmen Sie einen Besen (vorzugsweise aus Reisig), und fegen Sie damit einmal kräftig über den ganzen Platz oder durch das gesamte Zimmer. Machen Sie die Fenster weit auf, damit Sie allen Unrat dort hinaussenden können, und sagen Sie dabei laut und bestimmt den folgenden Spruch:

**Alles, was schaden will,
Kehre ich aus diesem gesegneten
Zimmer hinaus!**

Reinigung einer Person

Da gibt es ebenfalls verschiedenste Möglichkeiten, die bei jedem Menschen unterschiedliche Wirkungsgrade haben können. Probieren Sie einfach aus, was für Sie am besten ist.

1. Beträufeln mit Salzwasser

Eine schlichte Form der Reinigung wird von naturreligiösen Menschen gerne zu Beginn ihrer Rituale gewählt und besteht darin, sich gegenseitig mit Salzwasser zu beträufeln. Eine andere Variante desselben Zaubers ist es, sich den Rauch von Salbei, Lavendel oder einem anderen reinigenden Kraut auf den ganzen Körper fächeln zu lassen. Auch Myrrhe eignet sich gut.

2. Ein Bad nehmen

Eine etwas aufwändigere Variante der Reinigung besteht aus einem Bad, dem Meersalz sowie verschiedene ätherische Öle beigegeben werden – Zimt, Nelke, Jasmin, Lavendel und Sandelholz bieten sich hier an. Bevor Sie in die Wanne steigen, öffnen Sie das Badezimmerfenster weit und lassen Licht – am besten die Strahlen der Sonne – auf das Wasser fallen. Schließen Sie nun die Augen, und stellen Sie sich vor, wie das Wasser immer mehr zu leuchten beginnt, bis die Wanne schließlich mit purem Licht gefüllt ist. Lassen Sie sich mit geschlossenen Augen in die Wanne helfen, und spüren Sie, wie sich dieser Quell aus Licht um Sie schmiegt und Sie erfüllt.

3. Reinigung in der Sauna

Noch ein wenig komplizierter, aber umso wirkungsvoller: Versuchen Sie, mit ein paar Gleichgesinnten irgendwo für ein oder zwei Stunden eine Sauna zu kapern. Eine private Anlage eignet sich am besten, aber wenn Sie keinen Zugang zu einer solchen haben, können Sie auch Ihre eigene Schwitzhütte bauen – dazu braucht man nur ein paar Äste und Decken. In vielen guten Büchern zum Thema Schamanismus steht, wie es geht. Falls Sie damit allerdings noch keine Erfahrungen gemacht haben, ist die Sauna vorzuziehen, weil es wesentlich einfacher ist, einen geschlossenen Raum warm zu bekommen als ein Zelt.

Wählen Sie keine allzu hohe Temperatur – je nach Hitzeempfindlichkeit genügen 50 bis 60° C, denn Sie werden mehr als nur die üblichen zehn Minuten dort verbringen. Bei 50° C absolviert meine Familie ein- bis zweistündige Rituale in der Sauna, aber überfordern Sie sich zu Beginn nicht. Bereiten Sie das Wasser im Aufgusskübel mit den bereits erwähnten ätherischen Ölen vor (sowie mit Kiefern- oder Tannenöl), und legen Sie vor der Sauna ein paar frische Birkenzweige bereit. Nun nehmen Sie einen gut gereinigten Bergkristall mit hinein, suchen sich eine bequeme Position und beginnen eine Reinigungsmeditation.

Sie können jede Meditation wählen, die Ihnen gefällt, und auch schamanische Reisen oder Fantasiereisen eignen sich hervorragend. Wichtig ist nur, dass einer aus

der Gruppe, die hier gemeinsam in die Sauna geht, nicht meditiert. Diese Person führt die anderen durch die Meditation oder Fantasiereise und achtet darauf, dass es allen gut geht. Außerdem macht sie regelmäßig ganz sanfte Aufgüsse, die nur dazu dienen, die ätherischen Öle in die Luft zu bringen.
Am Ende des Saunagangs streifen sich alle gegenseitig mit den Birkenreisern ab, immer von oben nach unten, denn die Birke hat entstrahlende Eigenschaften.

und nehmen Sie ihn einfach mit unter die Brause. Er kann eine Reinigung nach einem solchen Ritual ebenso gut gebrauchen wie Sie.

4. Die reinigende Kraft des Weißdorns

Ein sehr alter Reinigungszauberspruch ist von den Hethitern überliefert, die sich zu diesem Zweck des Weißdorns bedienten, dessen klärende und zentrierende Kraft vielen Kulturen dieser Welt bekannt war. Der zugehörige Spruch dafür lautet:

Du bist ein Weißdornstrauch,
Im Frühling kleidest du dich weiß,
Zur Zeit der Ernte aber kleidest du dich blutrot,
Dem Schaf, das unter dir hinweggeht,
Rupfst du das Fell,
So ziehe auch von diesem Anwärter für das Opfer,
Der durch dein Tor hindurch geht,
Böses, Unreinheit und den Zorn der Götter hinweg.

Dann geht es unter die Dusche, die nicht eiskalt sein muss. Stellen Sie sich vor, wie das Wasser als weißlichgoldene Lichtwand über Sie herabstürzt, und sehen Sie sich selbst danach leuchtend wie ein Stern unter der Dusche hervortreten. Übrigens: Tun Sie dem Bergkristall einen Gefallen,

Wie Sie an dem obigen Spruch sehen, wurde der Zauber für die rituelle Vorbereitung geschaffen; wenn Sie sich einfach nur reinigen möchten, ersetzen Sie die Formulierung »... von diesem Anwärter für das Opfer« durch »von« gefolgt vom Namen der sich reinigenden Person.

Zur Überwindung von Feinden

Dieser Zauber zur nachhaltigen Überwindung von Feinden oder Gegnern stammt aus der altgriechischen Tradition.

Das benötigen Sie für Ihren Zauber:

schwarze oder auch rote Tinte

1 Stück weißen Stoff

So vollziehen Sie den Zauber:

Schreiben Sie zur Zeit des Neumonds das unten stehende magische Quadrat mit schwarzer oder roter Tinte auf ein Stückchen weißen Stoff.
Tragen Sie den Zauberstoff in Ihrer Kleidung befestigt immer mit sich (am besten in der Nähe des Herzens angenäht).
Bevor Sie nun Ihrem Gegner gegenübertreten, wenden Sie sich nach Osten und sagen das Wort »Aiakan«. Dasselbe wiederholen Sie dann in Richtung Norden und Westen.

A I K N
P R M C
D H T R
M M P M

Wetterzauber

Dieser Zauber gehörte zum Handwerkszeug der Wäscherinnen, die auf Sonnenschein angewiesen waren. Er funktioniert aber auch anderweitig. Sagen Sie dazu die rechts stehenden Zauberworte.
Jeweils nach »*Hachus*«, »*Maccus*« und »*Baccus*« ist ein Kreuz zu schlagen.

Sankt Andres, Sankt Bartolomes,
Die zweien Söhne Zebedes,
Der heilige Sankt Wentzel
Und der heilige Sankt Stentzel
Sind gut vor's kalte Weh
Und behüten vor Regen
Und Schnee.
Die heiligen sieben Planeten,
Die trösten uns in allen Nöten:
Hachus, Maccus, Baccus,
Die heiligen Wort,
Behüten uns vor schlimm' Wetter
An allem Ort.

Der folgende Zauber kann eine Regenperiode beenden. Öffnen Sie einen Sack, und sagen Sie den unten stehenden Spruch laut und deutlich. Lassen Sie den Wind in den Sack hineinfahren und binden Sie ihn mit vier ineinander verwundenen Fäden (rot, grün, blau und gelb) zu. Vergraben Sie ihn in einem Gartenbeet, dann sollte die Sonne bald wieder zum Vorschein kommen.

Wasser, Regen
Und flutenreicher Himmel,
Lasst die Tränen
Der Erde versiegen;
Der Wind soll verstummen,
Schwarze Wolke – geh fort!
Alles in den Sack hinein,
So soll wieder Freude sein.

Zauber zum Abnehmen

Kurz nach Neumond gehen Sie hinaus und schauen zum Mond hinauf. Tragen Sie nur weiße und silberne Kleidungsstücke, und sagen Sie dabei den folgenden Spruch.

Ernähren Sie sich in den zwei Wochen bis zum Vollmond hauptsächlich von weißer oder durchsichtiger Nahrung wie Wasser, Weißwein, Milch, hellem Brot und Fisch, denn davon wird sich der zunehmende Mond am meisten nehmen. Wenn Sie darüber hinaus auf gesunde Weise abnehmen wollen, empfiehlt sich für die Dauer des Zaubers eine Reis-Fastenkur.

Ich schwöre, hier zu fasten bis
Der schlanke Mond ist rund und schön.
Wie er sich rundet, lass mich schwinden,
Ich muss verlieren, damit er gewinnt.

Sich das Rauchen abgewöhnen

Ja, auch dazu gibt es tatsächlich seit einigen Jahrhunderten magische Formeln! Setzen Sie sich gemütlich hin, und entzünden Sie eine Zigarette. Nehmen Sie einen tiefen Zug, loben Sie den Geschmack und die Qualität des Tabaks laut und ausführlich, und dann – gerade wenn der Tabak-Dämon sich sicher wähnt und nichts Böses erwartet – greifen Sie die Zigarette ganz plötzlich mit beiden Händen und brechen sie in der Mitte auseinander. Die beiden Stücke werfen Sie in ein offenes Feuer. Wenn Sie die Lust wieder überkommen sollte, sagen Sie jetzt und in Zukunft die folgenden Worte:

HERBA MALEFICA
ADURO
ADEDO
ADIMO

Neue Zauber selbst erschaffen

Magie ist etwas sehr Persönliches. Wie Sie wissen, funktioniert Magie nur, wenn sie auf jene Person zugeschnitten wird, die sie anwenden möchte.

Je intensiver Sie sich mit der Naturmagie beschäftigen, desto eher werden Sie an die Grenzen dieses Buches stoßen, und dann werden Sie auf Ihre Kreativität angewiesen sein, um weiterhin magische Erfolge zu erzielen.

Es ist sogar sehr wahrscheinlich, dass Sie erst dann zu wirklicher magischer Hochform auflaufen werden, wenn Sie Ihre Riten selbst erschaffen. Dieses Vorgehen ist recht einfach, so lange Sie ein paar wichtige Punkte beachten.

Der rituelle Inhalt

Rituale symbolisieren Inhalte. Deswegen bringt es nicht viel, mal eben eine Feier zu improvisieren. Schauen Sie sich viel mehr den Anlass, für den Sie ein Ritual entwerfen möchten, genau an. Welche Bedeutung hat er in unserer Gesellschaft? Welche einzelnen Handlungen gehen mit der neuen Lebensphase oder der anvisierten Situation einher? Welche Aspekte daran sind wünschenswert und welche verdienen nähere Betrachtung und eventuell eine Veränderung? Dann sind Sie in der Lage, geeignete Symbole für Ihr Thema zu finden.

Quellen finden

Der nächste Schritt besteht darin, sich »schlau zu machen«. Sammeln Sie Informationen darüber, ob und wenn ja, wie ein Fest ähnlich dem von Ihnen geplanten in anderen Zeiten, Ländern oder Kulturen begangen wird. Versuchen Sie dabei, die dort verwendeten Symbole zu verstehen und sie auf die damit gemeinten Handlungen und Inhalte zurückzuführen. Auf diese Weise erhalten Sie nicht nur wertvolle Anregungen für die Wahl Ihrer eigenen Symbolik, sondern werden auch weitere unbekannte Bedeutungen entdecken, die Sie bisher vielleicht übersehen haben.

Nicht alle dieser Aspekte werden für Sie von Bedeutung sein – es hat nun einmal

im Europa des 21. Jahrhunderts nicht mehr viel Sinn, einen 18-Jährigen anlässlich seines Erwachsenenritus auf die Jagd nach einem Büffel zu schicken.
Andererseits aber werden Sie bemerken, dass wir uns heute Aufgaben gegenübersehen, denen in früheren Zeiten eine weitaus geringere Bedeutung zukam.

Einen Ablauf erstellen

An diesem Punkt verfügen Sie über alles, was Sie für ein gutes Ritual brauchen: Inhalte, Symbole für diese und ein entsprechendes Hintergrundwissen. Jetzt geht es darum, all dies in eine Form zu bringen. Folgen Sie einfach Ihrem gesunden Menschenverstand – der wird Ihnen schon sagen, dass es nicht viel bringt, erst die Geister anzurufen und dann den Kreis zu ziehen. (Bedenken Sie bei der Planung eines Rituals auch immer die vielen Nebenhandlungen, vom Entzünden des Räucherwerks bis zum Füllen des Kelchs.) Am wirkungsvollsten sind immer noch die schlichten, aber kraftvollen Handlungen.
Wenn irgendwann jede Handlung in Ihrer Zeremonie eine Bedeutung hat, sind Sie einem alten Ideal sehr nahe gekommen: Dann wird jeder Augenblick des Rituals zur Meditation, wie in einer japanischen Teezeremonie.
Ein wahrer Könner wird Ihre Fähigkeiten an der klaren Einfachheit Ihres Handelns erkennen.

Die Details

Jetzt schreiben Sie das geplante Ritual am besten in allen Einzelheiten nieder, denn dabei wird schnell klar, ob der Ablauf funktionieren wird oder ob Sie an irgendeinem Punkt ein und dieselbe Person für drei verschiedene Tätigkeiten gleichzeitig vorgesehen haben. Und dann lernen Sie das Ganze wenn möglich auswendig. Nichts wirkt hemmender auf den Erfolg eines Rituals, als wenn Sie mitten in der kraftvollsten Anrufung, wenn die Energien gerade so richtig zu fließen beginnen, plötzlich innehalten und auf Ihrem Ablaufplan nach dem nächsten Schritt suchen müssen.
Haben Sie Mut zum Experiment. Bei aller Vorsicht, zu der die meisten Sachbücher im Umgang mit Magie allgemein raten – wenn Sie auf Ihr Gefühl hören, können Sie nicht viel Schaden anrichten.
Natürlich werden Sie Fehler machen; die sind auch mir unterlaufen (und begegnen mir auch heute noch). Diese Fehler sind jedoch ein kostbarer Schatz, denn richtig benutzt stellen sie den besten Lehrmeister dar.
Ähnlich verhält es sich mit »magischen Patzern«: Wenn Ihnen ein solcher unterläuft, ist das meistens ein Zeichen dafür, dass Sie ganz dicht an etwas wirklich Wichtigem dran sind.
Und meist ist es nur eine Kleinigkeit, die Sie von einem Erfolg trennt. Haben Sie den Mut, und greifen Sie danach!

Analogietabellen

Liebe und Partnerschaft

Götter	Adonis, Amor, Aphrodite, Cernunnos, Eros, Freya, Isis, Pan, Venus
Engel	Haniel
Edelsteine	Rosenquarz, Malachit, Jade
Elemente	Wasser (tiefe Gefühle), Feuer (Sexualität), Erde (partnerschaftlicher Alltag)
Farben	Rot, Rosa, Grün
Pflanzen	Rose, Kamille, Zimt, Gänseblümchen, Ingwer, Hyazinthe, Lavendel, Lotus, Mimose, Nüsse, Pfefferminze, Pfingstrose, Rosmarin, Erdbeere, Veilchen
Bäume	Apfelbaum, Ulme, Weide, Mandelbaum, Pflaumenbaum
Heilige	Hedwig von Schlesien (Brautleute), Josef von Nazareth (Ehepaare), Valentin von Rom (Liebende), Ursula von Köln (glückliche Ehe), Gangolf (Eheprobleme)
Ätherische Öle	Nelke, Jasmin, Rose, Pfirsichblüte
Sonstiges	Herz, Ei, Rotwein, Venus

Geld- und Erfolgsmagie

Götter	Jupiter, Hera, Merkur, Zeus, Demeter, Juno
Engel	Tsadkiel
Edelsteine	Granat, Diamant
Elemente	Erde
Farben	Braun, Grün, Gold, Rot, Orange
Pflanzen	Brombeere, Kamille, Klee, Zimt, Dill, Farn, Traube, Majoran, Korn, Zwiebel, Moos
Bäume	Zeder, Holunder, Rosskastanie, Ahorn, Eiche, Kiefer
Heilige	Corona (Stephana)
Ätherische Öle	Bergamotte, Geißblatt, Minze, Patchouli, Kiefer
Sonstiges	Münzen, Steine, Kies, Eicheln, Sonne

Heilungszauber

Götter	Isis, Apollo, Artemis, Diana, Brigid, Äskulap, Mars, Hygieia
Engel	Raphael, Uriel
Edelsteine	Allgemein: Bergkristall, alle spezifischen Erkrankungen zugeordneten Steine

Elemente	Wasser (reinigend, emotionale Probleme), Feuer (heilendes Fieber)
Farben	Blau, Grün
Pflanzen	Lorbeer, Zimt, Zitrone, Fenchel, Knoblauch, Efeu, Minze, Myrrhe, Zwiebel, Rose, Rosmarin, Thymian, Eisenkraut, Veilchen, Immergrün
Bäume	Apfelbaum, Zeder, Holunder, Eiche, Kiefer, Weide
Heilige	Elisabeth von Thüringen, Raphael, Achatius
Ätherische Öle	Eukalyptus, Gardenie, Lotus, Myrrhe, Narzisse, Rosmarin, Sandelholz, Veilchen
Sonstiges	Äpfel, Meersalz, Saturn

Schutzzauber

Götter	Saturn, Hera, Dagda, Hekate, Aradia, Thor/Donar
Engel	Michael, Cassiel
Edelsteine	Tigerauge, Türkis
Elemente	Erde
Farben	Schwarz, Weiß, Gold
Pflanzen	Anemone, Anis, Basilikum, Lorbeer, Brombeere, Klee, Dill, Farn, Knoblauch, Korn, Gräser, Heidekraut, Stechpalme, Efeu, Wacholder, Lavendel, Flieder, Minze, Mistel, Myrrhe, Rose, Löwenmäulchen, Distel, Eisenkraut, Immergrün
Bäume	Esche, Birke, Zypresse, Holunder, Haselnuss, Lärche, Eiche, Eberesche, Linde
Heilige	Allgemein: Therese von Lisieux; Achatius (Krankheiten), Anna (Ehe), Johannes (Freundschaft), Agnes von Rom sowie Ignatius von Loyola (Kinder), Josef von Nazareth (Reisende), Elia (Flugreisen), Martha von Bethanien (Haus), Franziskus von Assisi (Umweltschutz), Ägidius (Tiere), Johannes der Täufer (Angst)
Ätherische Öle	Zypresse, Myrrhe, Patchouli, Rosengeranium, Rosmarin, Veilchen
Sonstiges	Thorshammer, Kreuz, Tierpanzer oder -schuppen, Mars

Gartenzauber

Götter	Adonis, Brigid, Cerridwen, Demeter, Pan, Thor/Donar, alle Elfen und Devas
Edelsteine	Keine. Ich habe gute Erfahrungen mit Kieselsteinen und Gartenerde gemacht.
Elemente	Alle vier
Farben	Grün, Gelb, Blau

Pflanzen	Für fruchtbares Wachstum: Möhre, Geranie, Hagedorn, Mistel, Nüsse, Weizen; für erkrankte Pflanzen: Lorbeer, Fenchel, Knoblauch, Efeu, Minze, Myrrhe, Rose, Rosmarin, Thymian, Immergrün; für Wachstumserfolg: Zimt, Ingwer
Bäume	Für fruchtbares Wachstum: Haselnuss, Kiefer; für erkrankte Pflanzen: Apfelbaum, Zeder, Holunder, Eberesche, Weide; für Wachstumserfolg: Eiche, Eberesche
Heilige	Allgemein: Gertrud von Nivelles; Jacobus der Ältere (Äpfel), Markus (gute Ernte), Walburga (Gedeihen der Feldfrüchte)
Ätherische Öle	Für Fruchtbarkeit: Moschus, Eisenkraut; bei Krankheiten: Eukalyptus, Lotus, Narzisse, Rosmarin, Sandelholz, Veilchen; für Lebenskraft: Rosmarin, Vanille, Nelke
Sonstiges	Alles, was aus der Natur stammt

Prüfungszauber

Götter	Athene, Merkur, Anubis, Thot, Maat
Engel	Raphael
Edelsteine	Goldtopas, Achat
Farben	Gold, Braun, Hellblau
Pflanzen	Heidekraut, Moos, Veilchen, Traube, Rosmarin, Zimt, Klee, Ingwer, Sonnenblume
Bäume	Haselnuss, Eiche, Walnuss, Eberesche
Heilige	Ambrosius von Mailand
Ätherische Öle	Zeder, Zimt, Zypresse, Lotus, Geißblatt, Flieder, Rosmarin
Sonstiges	Buch, Dolch, Merkur

Glückszauber

Götter	Apollo, Lugh, Fortuna, Bastet, Sekhmet
Engel	Michael
Edelsteine	Rubin, Diamant
Elemente	Feuer, Erde
Farben	Gold, Rot, Grün
Pflanzen	Farn, Heidekraut, Irisch Moos, Rose, Sternanis, Erdbeere, Veilchen, Moos
Bäume	Haselnuss, Linde, Eiche
Heilige	Ägidius, Antonius von Florenz, Casilda von Toledo, Severin von Köln, Susanna
Ätherische Öle	Zimt, Zypresse, Lotus
Sonstiges	Vierblättriges Kleeblatt, Schornsteinfeger, Sonne

Register

Quellen und weitere Literatur

Ansha: Das große Praxisbuch der weißen Magie, Ludwig Verlag, München 1999
Aswynn, Freya: Die Blätter von Yggdrasil, Edition Ananael, Bad Ischl 1991
Cunningham, Scott: Cunningham's Encyclopedia of Magical Herbs, Llewellyn, St. Paul 1987
Fischer-Rizzi, Susanne: Blätter von Bäumen, Hugendubel Verlag, München 1992
Frischbier, Herrmann: Hexenspruch und Zauberbann, Reprint Verlag Leipzig, Holzminden (nach dem Original von 1870)
Gabriel, Vicky: Der alte Pfad, Arun Verlag, Engerda 1999
González-Wippler, Migene: The Complete Book of Spells, Ceremonies & Magic, Llewellyn, St. Paul (Minnesota) 1990
Hetmann, Frederik: Baum und Zauber, Goldmann Verlag, München 1988
Knaurs Lexikon der Mythologie, Droemer Knaur Verlag, München 1989
Lissner, Ivar: Man, God and Magic. Cape, London 1961
Madaus, Christian: Püstern in Mecklenburg, Stock & Stein, Schwerin 1994
Önnerfors, Alf (Hrsg.): Antike Zaubersprüche, Reclam, Stuttgart 1991
Paungger, Johanna und Poppe, Thomas: Aus eigener Kraft, Goldmann Verlag, München 1993
Starhawk: Der Hexenkult als Urreligion der großen Göttin, Bauer Verlag, Freiburg 1983
Strassmann, René A.: Baumheilkunde, AT Verlag, Aarau 1994
Wilson, Colin: Das Okkulte, Fourier Verlag, Wiesbaden 1995

Hinweis für unsere Leser

Das vorliegende Buch ist sorgfältig erarbeitet worden. Dennoch erfolgen alle Angaben ohne Gewähr. Weder Autorin noch Verlag können für eventuelle Schäden, die aus den im Buch gemachten Hinweisen resultieren, eine Haftung übernehmen.

Über die Autorin

Vicky Gabriel wuchs in einer Familie mit ausgeprägter naturphilosophischer Tradition auf und wurde von ihrer Mutter in die spirituelle Dimension der Naturreligion eingeführt. Von 1988 bis 1995 lebte sie in Österreich, wo sie die Wicca-Tradition kennenlernte und mit der Erarbeitung einer eigenen rituellen Systematik für ihre Familie begann.
Gemeinsam mit Igor Warneck gab sie von 1996 bis 1998 die Zeitschrift »Hag&Hexe« heraus; 1999 erschien ihr Buch »Der alte Pfad – Wege zur Natur in uns selbst«.

2. Auflage 2002

Redaktion:
Cornelia Osterbrauck

Projektleitung: Antje Eszerski

Redaktionsleitung:
Dr. Reinhard Pietsch

Layout und Umschlag:
Manuela Hutschenreiter

DTP-Produktion:
Veronika Moga,
Marcus Nerger

Produktion:
Manfred Metzger (Ltg.),
Annette Aatz, Monika Köhler

Alle Illustrationen stammen von Beate Brömse, München

Titelbild: Bavaria (TCL), Gauting

Printed in Slovakia

Gedruckt auf chlor- und säurefreiem Papier

ISBN 3-7787-3938-7